New 新 轻松学韩语

가나다 코리언

● GANADA 韩国语学院教材研究会　编著

2 中级

北京大学出版社
PEKING UNIVERSITY PRESS

著作权合同登记号 图字：01-2013-7351

图书在版编目（CIP）数据

新轻松学韩语中级 2/GANADA 韩国语学院教材研究会编著．—北京：北京大学出版社，2014.3
ISBN 978-7-301-23641-3

Ⅰ．①新… Ⅱ．① G… Ⅲ．①朝鲜语—自学参考资料 Ⅳ．① H55

中国版本图书馆 CIP 数据核字（2013）第 315453 号

© Language Plus Hangeul-Park, 2014
All rights reserved. No part of this publication may be reproduced, stored or transmitted by any means without the prior permission of the publishers. It is for sale in the mainland part of the People's Republic of China only.

本书由韩国 Language Plus Hangeul-Park 授权北京大学出版社有限公司出版发行。

书　　　　名：	新轻松学韩语 中级 2
著作责任者：	GANADA 韩国语学院教材研究会　编著
责 任 编 辑：	崔　虎
标 准 书 号：	ISBN 978-7-301-23641-3/H · 3456
出 版 发 行：	北京大学出版社
地　　　　址：	北京市海淀区成府路 205 号　100871
网　　　　址：	http://www.pup.cn　　新浪官方微博：@ 北京大学出版社
电　　　　话：	邮购部 62752015　发行部 62750672　编辑部 62753027　出版部 62754962
电 子 信 箱：	zpup@pup.pku.edu.cn
印 　刷 　者：	三河市博文印刷有限公司
经 　销 　者：	新华书店
	889 毫米 ×1194 毫米　16 开本　18.25 印张　285 千字
	2014 年 3 月第 1 版　2023 年 1 月第 4 次印刷
定　　　　价：	45.00 元（附 MP3 盘 1 张）

未经许可，不得以任何方式复制或抄袭本书之部分或全部内容。
版权所有，侵权必究
举报电话：010-62752024　　电子信箱：fd@pup.pku.edu.cn

前言

韩国知名的韩语培训机构GANADA韩国语学院自1991年成立以来，一直致力于韩语教学研究和教材的开发。GANADA韩国语学院不仅拥有经验丰富的教材研究团队，而且编著的教材在中国、韩国、日本、美国等多个国家深受欢迎。二十多年的教材研究，使这家培训机构逐渐开发出既科学又独特的教材编排方式。

《新轻松学韩语》是以提高韩语交际能力为主要目标的综合性教材，预计出版1至6级，共6册教材。按照难易度及使用频率，分阶段配置词汇和语法点，考虑到初学者的实际情况，使用图画和照片以提高学习效率。课文内容以外国人在韩国的日常生活情景为素材加以编排，可使学习者轻松融入韩国社会，自然而然地掌握韩语。为提高听力能力，本套教材还配有专业人士录制的光盘，同时还出版与本套教材配套使用的练习册。练习册题型灵活多样，插图也很丰富。除每课配有相应的练习外，每五课设置单元练习，学习者可以通过练习能进一步掌握学过的语法及词汇。

GANADA韩国语学院教材研究会以丰富的教学经验为基础，编写了本套教材。相信可以为韩语学习者提供切实的帮助，成为学习者的良师益友，同时成为韩语教育者的良好指南手册。我们向您承诺，今后会继续致力于韩语教育的研究，不断推出适合学习者要求的新教材。

最后谨向为本书的出版给予大力支持的LanguagePLUS社长及相关人士表示深深的谢意。

GANADA韩国语学院教材研究会

本书以零起点韩语学习者为对象,配合GANADA韩国语学院的教学日程编排而成。使学习者能够均衡地学习口语·听力·阅读·写作等项技能,以达到熟悉韩国人的日常生活和文化为基本目标。

 대화

首先在"对话"部分,一边跟读一边练习正确的发音,同时掌握新单词和新的修辞方式。对话内容和单词部分提供了译文。

 문법

"语法"部分,解释说明了对话中出现的语法现象和其使用方法,并举例说明。

 유형연습

"句型练习"部分,进行看图练习熟悉常用基本句型且在"句型练习"中学会翻译必要的新单词。

 듣기

"听力"部分,听取并理解课文中的句型和单词。内容与实际生活非常接近。

 읽기

"阅读"部分,提供阅读理解与课文主题相关的故事或对话等,同时配有对新单词的解释,且附录中的原文翻译也会对文章理解有所帮助。

 활동

"练一练"部分,通过多种方法进行口语练习,提高学习效果。

 확장단어

"扩展词汇"部分,将出现与课文内容相关的词。

 한국문화엿보기

"了解韩国文化"部分,介绍多种有助于外国人了解和掌握的韩国生活文化。

 부록

"附录"中有听力、阅读答案以及听力录音文本和阅读翻译。另外,还有单词和语法索引,可做学习参考之用。

 MP3

MP3光盘刻录了"对话"和"练习",反复听取"听力原文"有助于改善韩语的发音、语调及提高听力能力。

出场人物

김예진
金艺珍

· 韩国人
· 主妇（韩部长的太太）
· 51岁

한국남
韩国男

· 韩国人
· 广告公司部长
· 54岁

한지원
韩智媛

· 韩国人
· 大学生（韩部长的女儿）
· 23岁

이민석
李民石

· 韩国人
· 广告公司代理（秀智的同事）
· 33岁

다니엘
丹尼尔

· 德国人
· 秀智的同事
· 36岁

수지 콜린
秀智 克林

· 美国人
· 广告公司设计师
· 31岁

오혜정
吴蕙晶

· 韩国人
· 广告公司课长
· 35岁

마이클
麦克

· 美国人
· 英语讲师（秀智的朋友）
· 28岁

류징
柳澄

· 中国人
· 韩语学习者（秀智的朋友）
· 28岁

사토 메구미
佐藤惠子

· 日本人
· 日本电视台记者（秀智的朋友）
· 32岁

바투
巴图

· 蒙古人
· 韩语学习者（秀智的朋友）
· 21岁

目录

前言 ··· 3

凡例 ··· 4

出场人物 ··· 5

教材结构表 ··· 8

课文 ·· 11

제1과	종이로 된 책이 없어질지도 모르겠군요 ····················	12
제2과	그렇지 않아도 번호 키로 바꾸려던 참이었는데 ············	20
제3과	잔심부름 대행업체는 도대체 뭐예요? ························	28
제4과	한국에서는 남도 가족처럼 부르는 경우가 많아요 ··········	36
제5과	초대받아 가는 건 처음이라 좀 긴장이 되는데 ··············	44
제6과	밤에 근처에 살 데가 아무 데도 없어서 곤란했잖아 ········	52
제7과	뭐든지 스마트폰으로 가능해요 ·································	62
제8과	심한 악플은 폭력이나 다름없어요 ····························	70
제9과	다시 학교에 다녀 보고 싶은 마음이 드네요 ················	78
제10과	이 대리님한테 안 보여줬더라면 연체료 낼 뻔 했어요 ·····	86
제11과	비자 연장 신청을 미리 해 놓는 게 좋을 거예요 ············	96
제12과	단기간 쓰시기엔 선불폰이 좋으실 것 같아요 ················	104
제13과	우리나라가 1, 2인 가족 중심으로 변해 간대요 ··············	114
제14과	제대로 하려면 아직 멀었어요 ·································	124
제15과	요즘 연상연하 커플이 얼마나 많은데요 ······················	132
제16과	어버이날인데 선물 준비하셨어요? ····························	140

제17과	옛날 같으면 같이 밤을 새워 주곤 했는데	148
제18과	별걸 다 아시네요	156
제19과	갖고 싶은 물건을 보면 참지 못했으니까요	164
제20과	고민 끝에 차를 한 대 사기로 했어요	174
제21과	절약하기로는 아버지를 따를 사람이 없을 거예요	182
제22과	걷다 보니 자연과 하나가 되는 듯해요	190
제23과	도시가 온통 축제 분위기네요	198
제24과	대도시 한가운데로 큰 강이 흐르고 있는 게 신기해요	206
제25과	편히 살려고 만든 것들이 문제를 만드는군요	214
제26과	우리끼리라도 벼룩시장을 열어 보는 건 어때요?	222
제27과	햇빛을 이용해서 전기를 만드는 거 말이에요	230
제28과	노래뿐만 아니라 패션까지 따라하는 게 유행입니다	238
제29과	한국 음식을 즐기는 사람들이 꽤 많더라고요	246
제30과	한글의 새로운 발견인 것 같아요	254

附录	263
答案	264
听力原文	266
阅读翻译	272
单词索引	276
语法索引	289

教材结构表

주제	과	기능	문법	듣기	읽기	활동	기타
사라지는 것들과 생겨나는 것들	1과	·사라지는 물건 ·대립 추측 말하기	1. -(으)ㄴ 반면에 2. -(으)ㄹ지도 모르다 3. -다는 말이다		우리 곁에서 사라지는 것들		(문화) 한국인의 성
	2과	·새로 생겨나는 물건 ·실수, 예정, 선택 말하기	1. -(느)ㄴ다는 게 2. -(으)려던 참이다 3. -든지 -든지	(듣기)			(단어) 기호
	3과	·없어지는 직업과 생겨나는 직업 ·강한 부정 말하기	1. -(으)ㄴ 줄 모르다 2. -기는요 3. -(으)ㄹ까 하다			사라지는 것, 생겨나는 것	
외국인의 눈으로 본 한국	4과	·한국의 호칭 익히기 ·추측 말하기	1. -(으)ㄴ가 보다 2. -정도로 3. -을/를 통해서		콩글리시와 찜질방		(문화) 한국의 술 문화
	5과	·식사, 음주 문화 ·양보, 제외 말하기	1. -보고 2. -더라도 3. -말고는	(듣기)			(단어) 콩글리시
	6과	·거리 문화 ·첨가, 부정 말하기	1. -에다가 -(으)ㄴ 데다가 2. 아무 -도 3. -곤 하다			설문조사	
IT와 생활	7과	·스마트폰과 최신 전자제품 ·망설임, 수락 말하기	1. -(으)ㄹ까 -(으)ㄹ까 2. -고말고요 3. -못지않다		짧은 글, 긴 생각		(문화) K-pop
	8과	·인터넷 예절 ·추측, 이유 말하기	1. -고 해서 2. -(으)ㄴ 모양이다 3. -(이)나 다름없다	(듣기)			(발음) 'ㄴ' 첨가
	9과	·IT 기기의 발달로 달라지는 것들 ·감탄, 목적 말하기	1. 얼마나 -(으)ㄴ지 모르다 2. -게 3. -에 의하면			리플 달기	
공공생활	10과	·청구서, 공과금 가정 괄하기 ·목표, 도달, 정도 말하기	1. -았/었더라면 2. -(으)ㄹ 뻔하다 3. -도록		·에너지 절약법 3·3·3 ·공동 주택에서의 예절		(문화) 징병 제도
	11과	·비자 연장, 공공 장소에서의 업무 ·변화, 완료형 말하기	1. -아/어 가다(오다) 2. -(으)ㄴ데요, 뭘 3. -았/었었다	(듣기)			
	12과	·휴대 전화 개통 ·선택, 기준 말하기	1. -거나 -거나 2. -기에 3. -에 한해서			한국의 속담	(단어) 체조
가족의 변화	13과	·가족 형태의 변화 ·회상, 추측 말하기	1. -더라 2. -지 3. -(으)ㄴ 듯하다		돌림자를 사용해요		(단어) 한국의 속담
	14과	·다문화 가정 ·대립, 반박 말하기	1. -(으)려면 멀었다 2. -(으)면서도 3. -(으)ㄴ걸요	(듣기)			
	15과	·결혼의 형태 ·비교, 최상 말하기	1. -다니 2. -에 달려 있다			재미로 하는 심리 테스트	

주제	과	기능	문법	듣기	읽기	활동	기타
기념일과 경조사	16과	• 여러 가지 기념일 • 꾸밈, 이유 말하기	1. -(으)ㄴ 척하다 2. -(으)로 3. 아무 -(이)나		남편의 휴대 전화 속 당신의 이름은?		
	17과	• 장례 문화 • 우려, 대립 말하기	1. - 같으면 2. -(으)ㄴ지 모르겠다 3. -(으)나	(듣기)			(문화) 해몽
	18과	• 명절 • 반복에 따른 변화, 당연한 이치 말하기	1. -(으)ㄹ수록 2. - 다 - 3. -는 법이다			나의 인생	
소비와 절약	19과	• 충동 구매 • 완료, 결과 말하기	1. -다가 보면 2. -아/어 버리다 3. -다가		나만의 명품		(단어) 한국의 기념일
	20과	• 다양한 소비 생활 • 의도 말하기	1. - 끝에 2. -자면 3. -느냐에 따라	(듣기)			(단어) 의성어·의태어
	21과	• 절약하는 생활 • 다짐, 기준 말하기	1. -지요 2. -기로 3. -(으)ㄹ 따름이다			돈을 어떻게 쓰십니까?	
지역과 축제	22과	• 제주 올레길과 걷기 문화 • 나열, 경험 말하기	1. -(으)며 2. -아/어 가면서 3. -다가 보니까		안동 하회 마을		
	23과	• 부산 국제 영화제와 지역 축제 • 목적, 기능 말하기 • 가치, 후회 말하기	1. - 겸 2. -(으)ㄹ 만하다 3. -(으)ㄹ걸	(듣기)			
	24과	• 한강과 서울의 명소 • 열거, 실패 말하기	1. -(이)며 2. -(으)ㄹ 게 아니라 3. -(으)려다가			이럴 때 어떻게 하시겠습니까?	(문화) 한국의 행정 구역
환경과 미래	25과	• 환경 문제와 기후 변화 • 이유, 걱정, 비난 말하기	1. - 탓 2. -(으)ㄹ까 봐서 3. -(으)면 어떻게 해요?		한국의 동전		
	26과	• 벼룩시장과 재활용 • 원인, 연달아 함, 강조 말하기	1. -는 바람에 2. -아/어다가 3. -다니까요	(듣기)			(문화) 쓰레기 분리수거
	27과	• 미래 에너지 • 착각, 이유 말하기	1. -(으)ㄴ 줄 알았다 2. -느라고 3. -기 마련이다			벼룩시장	(단어) 한국의 역사
한류	28과	• K-pop과 한류 문화 • 부정, 설명 말하기	1. -고도 남다 2. -조차 3. -답니다		삐뽀삐뽀, 괜찮아		
	29과	• 한식의 세계화 • 권유, 완료 말하기	1. -지 그래요? 2. -고 말다 3. -(으)ㄹ걸요	(듣기)			(단어) 도구
	30과	• 한글의 세계화 • 이유, 부정 말하기	1. -(으)므로 2. -커녕 3. -(으)ㄹ 리가 없다			재미있는 한글 놀이	

课 文

- 课文
- 语法
- 句型练习
- 听力
- 阅读
- 练一练
- 了解韩国文化

제1과 종이로 된 책이 없어질지도 모르겠군요

류 징: 요즘은 지하철에서 책이나 신문을 읽는 사람이 거의 없어요.
사람들이 점점 책을 안 읽는 것 같아요.

메구미: 그런 게 아니라 예전에는 인쇄된 책이나 신문을 읽었던 반면에
요즘은 휴대용 컴퓨터나 스마트폰으로 전자책도 읽고 신문도 봐서
그럴 거예요.

류 징: 그렇다면 종이로 된 책이나 신문이 곧 없어질지도 모르겠군요.
얼마 전에 미국의 한 신문사에서는 앞으로 신문을 인쇄하지
않겠다고 했다던데…….

메구미: 정말요? 그럼 앞으로 종이 신문이 없어진단 말이에요?

류 징: 사람들이 인쇄된 신문을 읽지 않게 되면 그럴 수도 있지
않을까요?

메구미: 그러면 나중에 잡지는 물론 학교 교과서도 없어지는 거 아니에요?

류 징: 충분히 그럴 수 있다고 봐요.

◎ 단어 生词

- 인쇄되다 印刷成的
- 없어지다 消失
- 휴대용 便携式
- 충분히 充分
- 전자책 电子书

柳澄 : 最近几乎没有人在地铁上看书或者看报。人们好像不再看书了似的。

惠子 : 其实不是那样，因为现在人们不再看印刷的书或者报纸，而是经常用便携式电脑或者智能手机看书或者看报。

柳澄 : 那么纸质书报有可能会消失了。不久前有传闻说，美国的一家报社以后不再印刷报纸了。

惠子 : 真的吗？就是说以后不会再有纸质报纸吗？

柳澄 : 如果人们不再看印刷的报纸的话，这种情况说不定会发生。

惠子 : 那么以后杂志甚至学校教科书也会消失吗？

柳澄 : 我觉得完全有可能。

 문법

 语法

1 -(으)ㄴ 반면에

→ 用于谓词词干后，列举前后两件相反的事情。

보기 우리 형은 성격이 내성적인 반면에 저는 좀 외향적인 편이에요.
和哥哥内向的性格相反，我很外向。

고려 시대에는 청자가 일반적이었던 반면에 조선 시대에는 백자가 일반적이었습니다.
和高丽时代青瓷常见的现象相反，朝鲜时代白瓷较为常见。

그 사람은 일은 잘하는 반면에 대인 관계에서는 평판이 좋지 않아요.
那人很能干，但是人际关系很差。

2 -(으)ㄹ지도 모르다

↳ 用于谓词词干后，表示前面所叙述的事情有可能会发生。

> 보기 제가 내일 못 올지도 몰라요.
> 我明天可能去不了。
>
> 제 마음이 변할지도 모르니까 너무 믿지 마세요.
> 没准我会改变主意，所以别太相信。
>
> 생각지도 못했던 일이 생길지도 모르니까 항상 미리 대비해야 해요.
> 意想不到的事情也有可能发生，所以应该时刻有所准备。

3 -다는 말이다

↳ 是'-다고 하는 말이에요'的缩略形。叙述句'-다는 말이에요'用于话者反复确认自己说过的话。疑问句'-다는 말이에요?'用于话者再次确认对方说过的话或者表示听到某事情后的惊讶。可用于所有的间接用语。可简略为：'-단 말이다'。

> 보기 제 말의 뜻은 누구의 잘못도 아니라는 말이에요.
> 我是说谁都没有错。
>
> 지금 그 말은 여기에서 나가라는 말인가요?
> 你是说让我从这里出去是吗？
>
> 같은 이야기 자꾸 하지 말고, 결국 어떻게 하자는 말이에요?
> 别老絮叨同样的话，你说究竟该怎么做？

유형연습

1

보기

그 회사는 월급이 많다 /
늦게까지 일을 시켜요.

그 회사는 월급이 많은 반면에 늦게까지 일을 시켜요.

(1) 가게가 오전에는 복잡하다 / 오후에는 한산한 편이에요.

(2) 아이가 공부는 잘하다 / 예능에는 소질이 없는 것 같아요.

(3) 휘발유 값이 올라서 승용차 이용이 줄었다 / 대중교통 이용은 늘었어요.

(4) 물가는 안정되었다 / 경제 성장률은 떨어졌습니다.

2

보기

눈은 아빠를 닮았다 /
코와 입은 엄마를 닮았어요.

가 : 아이가 아빠를 닮았어요?
나 : 눈은 아빠를 닮은 반면에 코와 입은 엄마를 닮았어요.

(1) 여름에는 비가 많이 와서 습도가 높다 / 겨울에는 건조해요.

한국의 날씨는 어때요?

(2) 수학은 어렵다 /
영어는 쉬운 편이었어요.

학기말 시험이 어려웠어요?

(3) 거실은 따뜻한 분위기로 했다 /
방은 귀여운 느낌으로 꾸몄어요.

새로 이사한 집의 인테리어는
어떻게 하셨어요?

(4) 고기와 생선 값은 올랐다 /
채소 값은 내렸어요.

요즘 생필품 값이 올랐어요?

3

보기

이번 학기가 끝나면 고향에 돌아가다

이번 학기가 끝나면 고향에 돌아갈지도 몰라요.

(1) 음식이 모자라다

(2) 우리의 예상이 틀리다

(3) 빚을 못 갚으면 집을 팔아야 하다

(4) 제인 씨가 한국에 오래 살았지만 아직 제주도에 못 가 봤다

4

보기

가영 씨가 일본에서 1년 살았으니까 일본말을 잘하다

가 : 누가 일본말을 잘해요?
나 : 가영 씨가 일본에서 1년 살았으니까 일본말을 잘할지도 몰라요.

비가 오다 / 그러니까 우산을 가지고 가.

가 : 엄마, 학교에 다녀 오겠습니다.
나 : 비가 올지도 모르니까 우산을 가지고 가.

(1) 너무 좋아서 울다

복권 1등에 당첨된다면 어떠실 것 같아요?

(2) 지구 온난화 때문에 북극의 빙하가 다 녹다

지구가 점점 더워지고 있는 것 같아요.

(3) 다른 곳으로 이사하셨다

하 선생님께 보낸 카드가 되돌아왔네요. 어떻게 된 거지?

(4) 길이 막히다 / 그러니까 서둘러서 나갑시다.

30분 후에 출발하는 게 어때요?

5

아까 배웠는데 벌써 잊어버렸다

가 : 이 단어의 의미가 뭐예요?
나 : 아까 배웠는데 벌써 잊어버렸단 말이에요?

(1) 저 배우하고 고등학교 동창이다

저 영화배우랑 고등학교를 같이 다녔어요.

(2) 병이 나을 가능성이 없다

이 병은 더 이상 치료 방법이 없어요.

(3) 이제 와서 취소하겠다

지난번에 부탁한 거 해 드릴 수 없을 것 같아요.

(4) 대전까지 한 시간밖에 걸리지 않다

여기에서 9시에 떠나도 10시에는 대전에 도착할 수 있어요.

단어 生词
- 한산하다 冷清　- 예능 艺能　- 소질 素质, 素养　- 휘발유 汽油　- 승용차 小汽车
- 줄다 减轻, 减少　- 안정되다 稳定下来　- 성장률 增长率　- 습도 湿度　- 건조하다 干燥
- 꾸미다 打扮　- 생필품 日常用品, 生活必需品　- 빚 债　- 복권 彩票
- 당첨되다 中（彩票，奖）　- 지구온난화 地球变暖　- 북극 北极　- 빙하 冰川
- 되돌아오다 返回来　- 가능성 可能性　- 더 이상 再

제1과 종이로 된 책이 없어질지도 모르겠군요

우리 곁에서 사라지는 것들

우리는 수많은 변화 속에 살고 있습니다. 우리도 모르는 사이에 많은 것들이 변하고 있어서 지금 우리 눈앞에 있는 것들이 몇 년 후에는 이 세상에서 사라질지도 모릅니다. 이렇게 빠른 변화는 우리를 설레게 하는 반면에 아쉬움을 주기도 합니다. 우리 곁에서 사라지는 것들, 어떤 것들이 있을까요?

동네마다 사람들이 자주 오고 가는 길가에 놓여 있던 빨간 우체통.

요즘 우체통 찾아보기도 쉽지 않습니다. 손으로 직접 쓴 편지나 카드 대신에 빠르고 편리한 이메일과 전자 카드, 문자 메시지로 안부를 전하는 사람들이 많아졌기 때문입니다. 썼다가 지웠다가 하기를 여러 번, 읽고 또 읽고 난 후에 우표를 붙여서 설레는 마음으로 우체통에 편지를 넣던 기억이 있는 사람이라면 점점 사라지는 우체통이 많이 아쉬울 겁니다.

버스 정류장 근처에서 쉽게 보이던 공중전화도 언제부터인가 보기 힘들어졌습니다. 집에서 유선 전화를 안 쓰는 사람도 많고요. 어른 아이 모두 갖게 된 휴대 전화가 유선 전화의 자리를 대신하게 된 것입니다. 특히 휴대 전화는 그 기능이 매우 다양하고 장점이 많아서 유선 전화는 머지않아 아주 사라질지도 모릅니다.

우리 주위에서 새로 생겨나고 사라지는 것들.

새것이 다 좋은 것도 아니고 옛날 것이 다 버려야 하는 건 아닐 겁니다. 편리성을 추구해서 옛것을 다 버린다면 어떻게 될까요? 새것을 받아들이면서 옛것도 지킬 수 있는 좋은 방법은 없을까요?

1 윗글을 읽고 앞으로 사라질지도 모르는 것들과 사라지게 될 이유를 쓰십시오.

사라질 것	이유

2 윗글의 내용과 다른 것을 고르십시오.

① 우체통에 편지를 넣을 때 설레는 마음을 갖게 된다. ② 새로운 것이 모두 좋은 것은 아니다.

③ 유선 전화가 휴대 전화 대신에 많이 쓰이고 있다. ④ 빠른 변화 때문에 아쉬움을 느낄 때가 있다.

단어 生词

- 사라지다 消失
- 설레다 心潮起伏
- 전자 카드 电子贺卡
- 대신하다 代替
- 머지않아 不久，不远
- 수많다 众多，很多
- 아쉽다 可惜
- 안부 问候
- 기능 机能
- 추구하다 追求
- 변화 变化
- 길가 路边
- 유선 전화 有线电话
- 장점 长处，优点
- 받아들이다 接受

한국 문화 엿보기   了解韩国文化

韩国人的姓氏

韩国有多少姓氏呢？原来的记录是480个，现在的记录是287个（以2000年韩国统计局人口调查结果为准）。韩国的姓氏有常见姓，稀有姓和复姓三种。

1. 常见姓 - 48余种

이(李), 김(金), 박(朴), 최(崔), 정(鄭), 안(安), 조(趙), 강(姜), 장(張), 한(韓), 윤(尹), 오(吳), 임(林), 신(申), 송(宋), 서(徐), 황(黃), 홍(洪), 전(全), 권(權), 유(柳), 고(高), 백(白), 양(梁), 손(孫), 차(車), 허(許), 배(裵), 조(曹), 노(盧), 남(南), 전(田), 강(康), 임(任), 곽(郭), 우(禹), 정(丁), 나(羅), 원(元), 하(河), 민(閔), 구(具), 엄(嚴), 성(城), 신(辛), 유(兪), 채(蔡), 심(沈) 等

2. 稀有姓 - 194余种

지(池), 변(邊), 여(呂), 변(卞), 신(愼), 문(文), 유(劉), 주(朱), 현(玄), 방(方), 진(陳), 함(咸), 천(千), 염(廉), 양(楊), 공(孔), 길(吉), 석(石), 노(魯), 추(秋), 도(都), 설(薛), 연(延), 표(表), 계(桂), 부(夫), 예(芮), 목(睦), 피(皮), 복(卜), 두(杜), 갈(葛), 호(扈), 전(錢), 육(陸), 반(潘), 방(房), 모(毛), 경(景), 국(鞠), 용(龍), 명(明), 이(異), 제(諸) 等

3. 复姓 - 15余种

남궁(南宮), 선우(鮮宇), 황보(皇甫), 독고(獨孤), 사공(司空), 제갈(諸葛), 서문(西門), 동방(東方), 석말(石抹), 부여(扶餘), 영호(令狐), 사마(司馬), 하후(夏候), 공손(公孫), 을지(乙支) 等

韩国人都随父姓。但是最近也有部分女性提出子女同时使用父姓和母姓的提议，且有扩散的趋势。现行法律只认证父姓。

제2과 그렇지 않아도 번호 키로 바꾸려던 참이었는데

부   인 : 오전에 약속이 있어서 나가려는데 열쇠를 못 찾아서 30분이나 늦었어요. 매번 조심한다는 게 잘 안 되네요.

한 부장 : 열쇠를 늘 제자리에 놔두면 될 텐데……. 나도 그게 잘 안 되기는 하지만.

부   인 : 그렇지 않아도 번호 키로 바꾸려던 참이었는데 이번 기회에 바꾸는 게 어때요?

한 부장 : 내 친구가 이사한 아파트는 손가락을 대면 문이 열린다고 하던데.

부   인 : 영화에서 본 것처럼 말이지요? 그게 더 간편하겠네요.

한 부장 : 앞으로는 지문이나 눈, 얼굴 같은 신체 부위로 문을 열게 될 거야. 어쨌든 번호식이든지 지문식이든지 이번에 바꿉시다.

● 단어 生词

- 제자리 原地，原处
- 간편하다 简便，方便
- 부위 部位
- 그렇지 않아도 本来
- 지문 指纹
- -식 式
- 대다 贴
- 신체 身体

夫　人： 上午本来有约要出去，可是因为钥匙找不到了，迟到了30分钟。每次都很小心，可是难免出差错。

韩部长： 经常把钥匙放在同一个地方就可以了，虽然我也很难做到。

夫　人： 本来也想换密码锁的，趁这次机会换了得了。

韩部长： 听说，我朋友刚搬的公寓，用手一碰，门就开了。

夫　人： 就像电影里那样？那个应该更方便。

韩部长： 以后可以用指纹、眼睛、脸等身体部位来开门了。不管是密码式还是指纹式，这次给换了吧。

 语法

1 -(느)ㄴ다는 게

→ 是 '-(느)ㄴ다는 것이' 的缩略形。用于动词词干后。表示主语本来想做某个动作，结果却做了和意图相反的动作。

보기 　시청역에서 내린다는 것이 졸다가 종로까지 갔어요.
　　　本应在市厅站下车，结果睡到钟路站了。

　　　거래처로 전화한다는 게 집으로 전화를 걸었네요.
　　　本想给客户打，结果打到我自己家里了。

음식을 많이 만들지 않는다는 게 또 이렇게 많이 만들었어요.
本来不想做太多的饭菜，结果又做多了。

2 -(으)려던 참이다

> 表示"机会或打算"的不完整名词'참'的'-(으)려던 참이에요'型，表示话者的动作或者意图偶然与对方的动作意图一致。这时常和'그렇지 않아도'一起使用。除此之外也常以'-(으)ㄹ 참이다'或者'-던 참이다'形态出现。

보기 부모님께는 말하지 않을 참이에요.　我不打算告诉父母。

나도 먹고 싶던 참에 불고기를 먹자니 잘됐네요.
我正想吃烤肉时，你提议吃烤肉，太好了。

그렇지 않아도 확인해 보려던 참이었는데 이렇게 대신해 주셔서 감사합니다.
本来也想去确认一下的，很感谢你帮我确认了。

3 -든지 -든지

> 当表示选择的'-든지'(参考初级2第3课语法)与谓词词干相结合，并反复出现两次以上时，表示选择其中哪一个都可以。而当要对一个动作做出肯定或否定的选择时，则使用惯用型'-든지 말든지'。

보기 이쪽으로 가든지 저쪽으로 돌아가든지 시간은 마찬가지예요.
从这边走或者从那边绕过去，时间都差不多。

그 사람이 죽었든지 살았든지 저하고는 상관없는 일이에요.
那个人的死活和我没有关系。

밥은 차려 놓았으니까 먹든지 말든지 마음대로 하세요.
反正我把饭做好了，爱吃不吃。

유형연습 句型练习

1

보기

설탕을 넣다 / 소금을 넣었어요.

가 : 맛이 좀 이상한데요. 왜 이렇지요?
나 : 설탕을 넣는다는 게 소금을 넣었어요.

(1) 네, 아껴서 쓰다
／ 사고 싶은 것이 많아서 다 썼어요.

한 달 용돈을 벌써 다 썼어요?

(2) 한 잔만 하다 / 3차까지 갔어요.

왜 이렇게 많이 취했어요?

(3) 네, 3번을 누르다
／ 4번을 누른 것 같아요.

전화를 잘못 걸었어요?

(4) 아니요, 어제 숙제를 하고 자다
／ 그냥 잤어요.

숙제를 다 해 왔어요?

2

보기

소포를 부치러 우체국에 가다

그렇지 않아도 소포를 부치러 우체국에 가려던 참이에요.

(1) 장 선생님에게 전화를 걸다

(2) 볼일이 있어서 외출하다

(3) 커피를 한 잔 마시다

(4) 비행기 시간을 알아보다

3

보기

막 먹다

가 : 밥을 먹고 나서 약을 잡수셨어요?
나 : 그렇지 않아도 막 먹으려던 참이었어요.

(1) 부모님께 말씀드리다

그 사실을 부모님께서 아십니까?

(2) 저도 식사하러 가다

배가 고픈데 같이 식사하러 갈래요?

(3) 일찍 집에 가서 쉬다

얼굴색이 안 좋은데 좀 쉬는 게 어때요?

(4) 지금 걸레로 닦다

바닥에 물이 있어서 닦아야겠어요.

4

보기

민박을 하다 / 호텔에서 숙박하다 / 마음대로 하세요.

민박을 하든지 호텔에서 숙박하든지 마음대로 하세요.

(1) 계획을 취소하다 / 연기하다 / 알아서 하세요.

(2) 소금을 넣다 / 간장을 넣다 / 다 괜찮아요.

(3) 빠른우편으로 보내다 / 보통으로 보내다 / 상관없어요.

(4) 가다 / 말다 / 마음대로 하세요.

5

보기

지현씨가 울다 / 말다
/ 제가 무슨 상관이에요?

가 : 지현 씨가 왜 울어요?
나 : 지현씨가 울든지 말든지 제가 무슨 상관이에요?

(1) 지금 신청하시다 / 나중에 하시다 / 별 차이가 없을 거예요.

지금 신청하지 않고 나중에 해도 됩니까?

(2) 카드로 계산하다 / 현금으로 계산하다 / 하고 싶은 대로 하세요.

카드로 계산해도 돼요?

(3) 결혼을 했다 / 안 했다 / 그건 중요하지 않다고 생각해요.

결혼한 사람은 이 회사에 들어올 수 없나요?

(4) 아이가 하다 / 말다 / 그냥 두면 스스로 할 거예요.

우리 아이는 스스로 하려고 하지 않아서 걱정이에요.

단어 生词 □취하다 醉 □누르다 按, 摁 □볼일 要做的事儿 □걸레 拖布 □바닥 地板 □민박 民宿
□숙박하다 住宿 □마음대로 随便 □빠른우편 快递, 快件 □상관없다 没有关系
□차이 差异

1 듣고 질문에 대답하십시오.　听后回答问题。

(1) 사람들이 많이 사용하는 카메라가 어떻게 변했는지 쓰십시오.

(2) 윗글의 중심 내용으로 알맞은 것은 무엇입니까?

① 카메라만 봐도 세상이 점점 편해지고 있다.
② 사진기 기능이 좋아진 반면에 사용법이 복잡해졌다.
③ 주위에 사라지는 것들이 많아서 안타깝다.
④ 필름 카메라로 찍은 사진이 제일 변하지 않는다.

2 듣고 맞는 것을 고르십시오.
听录音并选出正确的选项。

① 이 남자가 약속을 지키지 못할 것 같습니다.
② 이 남자는 아직 사무실에서 나오지 않았습니다.
③ 이 남자가 먼저 전화를 건 것 같습니다.
④ 이 남자는 약속 장소에 시간 맞춰 나갔습니다.

3 듣고 이어지는 말을 고르십시오.
听后，找出合适的句子，完成对话。

① 벌써 저에게 메일을 보내셨단 말이에요?
② 그렇지 않아도 컴퓨터에서 파일을 찾아보려던 참이었어요.
③ 컴퓨터에 저장을 한다는 게 깜빡 잊었어요.
④ 컴퓨터가 편리한 반면에 문제가 생길 때도 있어요.

기 호 记号

수학기호

덧셈　2+3=5 (2 더하기 3은 5)　　　뺄셈　10−4=6 (10 빼기 4는 6)

곱셈　5×6 (5 곱하기 6)　　　　　　나눗셈　14÷2 (14 나누기 2)

분수　$\frac{1}{3}$(3분의 1), $5\frac{2}{3}$ (5와 3분의 2)

문장부호

?　물음표　　　　　　　　　　　!　느낌표

.　마침표　　　　　　　　　　　,　쉼표

……　말줄임표　　　　　　　　( )　괄호

→　화살표　　　　　　　　　　" ", ' '　따옴표

단위

60km/h　시속 60킬로미터　　　　10℃, −3℃　영상 10도, 영하 3도

도형

○　원, 동그라미

△　세모, 삼각형

□　네모, 사각형

제3과 잔심부름 대행업체는 도대체 뭐예요?

메구미: '심부름센터'는 들어 봤는데 '잔심부름 대행업체'는 도대체 뭐예요?
류 징: 사소한 심부름을 해 주는 곳이에요. 주로 담배나 약 심부름,
　　　　장보기, 관공서에서 서류 떼어 오기, 밤길 함께 걸어주기 등요.
메구미: 재미있군요. 이런 일을 해 주는 곳까지 있을 줄은 몰랐는데…….
류 징: 세상이 많이 변했잖아요. 너무 빨리 변해서 가끔 적응하기가
　　　　힘들지만 말이에요. 목이 좀 마른데 시원한 물 없나요?
메구미: 없기는요. 여기 생수 있어요. 옛날엔 이렇게 물을 사서 마시게 될
　　　　거라고는 상상도 못했을 텐데…….
류 징: 그래서 저는 나중에 공기 사업이나 해 볼까 해요. 공기도 사 마셔야
　　　　할지 모르잖아요.

◉ 단어 生词

- 심부름센터 跑腿儿服务中心
- 도대체 到底
- 관공서 政府机关
- 상상하다 想像
- 잔심부름 小差事
- 사소하다 细小的
- 떼다 摘下，取下
- 대행업체 帮替公司
- 주로 主要
- 적응하다 适应

惠子： 我听说过"跑腿服务中心"，但是"小差事代跑腿服务中心"是什么啊？

柳澄： 是为了小差事帮你跑腿儿的地方。主要是帮忙买烟或者买药、买菜去政府机关单位开具一些材料、陪送走黑路等等。

惠子： 有意思。没想到还有帮做这些事儿的地方。

柳澄： 社会变化很大啊。变化太快，有时候都不太适应。有点口渴，有凉水吗？

惠子： 当然有啦。这里有矿泉水。买水喝，这在以前是不能想像的事情啊。

柳澄： 所以，我想以后做销售空气的生意。以后说不定空气也要买来吸呢。

1 -(으)ㄴ 줄 모르다

→ 表示情况、打算的不完全名词'줄'与动词、形容词冠形词词尾'-(으)ㄴ/는/(으)ㄹ'相结合，表示现在虽然知道了，但是当时不了解情况。后面常来'몰랐다'或'생각 못했다'之类的动词。

보기　회사 규칙이 이렇게 까다로운 줄 몰랐어요.
　　　没想到公司的规定这么严格。

전화번호가 바뀐 줄 모르고 제가 실수했습니다.
不知道电话号码换了，不好意思。

제3과　잔심부름 대행업체는 도대체 뭐예요?

제가 쌍둥이를 낳을 줄 생각도 못했어요.
从来没有想到我会生双胞胎。

2 -기는요

→ 用于谓词词干后，表示否定对方的意见、质问或对别人的赞扬、道歉表示谦虚，后面常来否定事实的陈述句。

보기　가 : 여러 가지로 도와주셔서 감사합니다.　非常感谢你帮我这么多。

나 : 도와주기는요. 오히려 제가 도움을 받은 걸요.
帮什么了啊。相反是你帮了我很多。

가 : 한국 생활이 힘들지 않아요?　韩国生活不累吗?

나 : 힘들기는요. 아주 재미있는데요.　累? 我觉得很有意思。

가 : 이 책이 재미있지요?　这本书有意思吧?

나 : 재미있기는요. 지루해서 죽겠어요.　有什么意思, 都快无聊死了。

3 -(으)ㄹ까 하다

→ 用于动词词干后，表示意志、计划和打算。但和其他表示意志和计划的表达形式相比，没有具体性，只是表示笼统的意志或打算。

보기　한잔할까 해서 전화했어요.　想和你喝一杯, 所以给你打了电话。

동생 졸업 선물로 만년필을 살까 하다가 구두를 사 주었어요.
本想买支钢笔送给弟弟当作毕业礼物, 后来给他买了双皮鞋。

주말에는 집에서 쉴까 했는데 친구가 같이 놀러 가재요.
周末本想在家休息, 可是朋友让我和他一起去玩。

유형연습

句型练习

1

보기

제 동생이 이렇게 노래를 잘하다

제 동생이 이렇게 노래를 잘하는 줄 몰랐어요.

독일 사람이다 / 영어로 말했습니다.

독일 사람인 줄 모르고 영어로 말했습니다.

(1) 한국의 물가가 이렇게 비싸다

(2) 그 드라마가 비극으로 끝나겠다

(3) 친구가 여자 친구와 헤어졌다 / 언제 결혼할 거냐고 물어봤어요.

(4) 날씨가 이렇게 춥다 / 얇은 옷을 입고 나왔어요.

2

보기

정은 씨에게 슬픈 일이 있다
/ 제가 농담을 했어요.

가 : 정은 씨가 기분이 안 좋아 보이는데 무슨 일이 있었어요?
나 : 정은 씨에게 슬픈 일이 있는 줄 모르고 제가 농담을 했어요.

제3과 잔심부름 대행업체는 도대체 뭐예요?

(1) 서울이 이렇게 복잡하다

서울에 와 보니까 어때요?

(2) 정말요? 위층까지 음악 소리가 그렇게 잘 들리겠다

아파트 위층에 사는 사람이 음악 소리가 너무 크다고 전화했어요.

(3) 비가 오다 / 우산을 안 가져가서요.

왜 나갔다가 금방 들어오세요?

(4) 네, 차가 이렇게 막히다 / 자동차를 가지고 왔어요.

늦었군요. 지하철을 타고 오지 않았나요?

3 보기

성적이 오르다 / 오히려 떨어졌어요.

가: 열심히 공부했으니까 성적이 올랐겠네요.
나: 성적이 오르기는요. 오히려 떨어졌어요.

(1) 잘하다 / 아직 많이 부족해요.

한국말을 아주 잘하시네요.

(2) 한가하다 / 눈코 뜰 새 없이 바쁜데요.

요즘은 한가하시지요?

(3) 친한 사이이다 / 몇 번 만났을 뿐인데요.

광수 씨랑 친한 사이인 것 같아요.

(4) 말을 잘 듣다 / 꼭 청개구리 같아요.

아이가 똑똑하고 말도 잘 듣는 것 같아요.

4 보기

아이들이 크면 차를 중형차로 바꾸다

아이들이 크면 차를 중형차로 바꿀까 합니다.

(1) 여름 방학 때 해외 봉사 활동을 하러 가다

(2) 시간이 없으니까 선물을 인터넷 쇼핑몰에서 주문하다

(3) 이번 일본 출장은 장 과장을 보내다

(4) 시간이 나면 건강 진단을 받아 보다

5

보기

바빠서 가까운 수영장에나 갔다 오다

가: 여름휴가는 어떻게 보낼 생각이에요?
나: 바빠서 가까운 수영장에나 갔다 올까 합니다.

(1) 아니요, 가족끼리 성묘나 갔다 오다

추석 때 친지들을 찾아뵐 거예요?

(2) 친구들하고 스키를 타러 가다

크리스마스를 어떻게 보내려고 해요?

(3) 이달 말쯤 김장을 하다

언제 김장을 할 거예요?

(4) 네, 이번엔 머리를 한번 길러 보다

머리가 많이 길었네요. 안 자르세요?

단어 生词   □ 비극 悲剧 □ 농담 玩笑 □ 성적 成绩 □ 눈코 뜰 새 없이 忙得团团转 □ 사이 之间
□ 해외 海外 □ 봉사 활동 志愿活动 □ 주문하다 预定 □ 건강 진단 健康诊断
□ 성묘 扫墓 □ 추석 秋夕, 中秋节 □ 친지 知己, 亲人 □ 찾아뵈다 拜访 □ 기르다 长

사라지는 것, 생겨나는 것

새로 생겨난 편리한 물건들입니다. 보기 와 같이 그림을 설명해 보십시오.
图片中所介绍的是使用起来很方便的东西。模仿 보기 叙述一下。

옛날에는 자물쇠와 열쇠로 문을 열고 닫았던 반면에 요즘은 손가락을 대면 지문을 인식해서 문이 자동으로 열립니다.

[1]

[2]

_____
_____

[3]

_____
_____

제4과 한국에서는 남도 가족처럼 부르는 경우가 많아요

다니엘: 우리 사무실에서 일하는 혜수 씨와 윤아 씨는 자매인가 봐요.
수 지: 자매라니요? 아니에요. 근데 왜 그렇게 생각했어요?
다니엘: 윤아 씨가 혜수 씨한테 꼬박꼬박 언니라고 하던데요.
수 지: 아, 한국에서는 남도 가족처럼 언니나 형이라고 부르는 경우가 많아요. 아저씨, 아주머니라는 말도 원래 친척끼리 부르는 말이었대요.
다니엘: 그래요? 아저씨나 아주머니는 거의 날마다 들을 정도로 많이 사용하던데, 한국 사람들은 이런 호칭을 통해서도 서로 쉽게 가까워지나 봐요.
수 지: 맞아요. 그런데 호칭을 잘못 사용하면 오해가 생길 수도 있으니까 조심해야 해요.

◉ 단어 生词

□ 자매 姊妹，姐妹
□ 원래 原来
□ 꼬박꼬박 口口声声
□ 친척 亲戚
□ 남 别人
□ 호칭 称呼，称谓

丹尼尔： 我们办公室的惠秀和允儿好像是姐妹。
秀智： 姐妹？不是。为什么会这么想？
丹尼尔： 允儿每次都叫惠秀姐姐。
秀智： 啊，在韩国，用亲属称谓称呼别人"哥哥"、"姐姐"的情况很多。听说，"叔叔"、"阿姨"本来也是亲戚之间的称谓。
丹尼尔： 是吗？"叔叔"、"阿姨"几乎每天会听到。看来韩国人用这样的称谓也会容易拉近关系。
秀智： 对。但是称谓使用不当的话也会引起误会，所以得小心。

1 -(으)ㄴ가 보다

→ 用于谓词词干后，表示推测。话者根据自己听到的或者看到的事情进行推测时，经常用到这种表达方法，话者对自己的状态或者动作进行推测时，不用这种表达方法。谓词为形容词时用 '-(으)ㄴ가 봐요'，动词时用 '-나 봐요'，过去时用 '-았/었나 봐요'，将来时用 '-(으)ㄹ 건가 봐요' 或 '-(으)려나 봐요'。前半句常出现表示推测的 '-(으)ㄴ/는 걸 보니까'。

보기 영수 씨가 회사에 대해서 알아보고 다니는 걸 보니까 졸업 후에 취직할 건가 봐요.
英秀一直在打听各公司的情况，看来她想毕业后直接参加工作。

신대철 씨는 집을 사려고 했는데 집에 문제가 있어서 계약을 하지 않았다나 봐요.
申大哲想买那套房子来着，可是因房子有问题没有签约似的。

두 사람이 가까운 사이인가 본데 언제부터 사귀기 시작했어요?
俩人好像很亲密，是从什么时候开始交往的？

제4과 한국에서는 남도 가족처럼 부르는 경우가 많아요   37

2 -정도로

↳ 常和名词、动词、形容词的将来时定语形词尾 '-(으)ㄹ' 结合使用。表示大致的某种程度或者水平。

보기 걷지 못할 정도로 술에 취했습니다.
醉得都不能走路了。

아프지만 결석할 정도는 아니에요.
虽然不舒服，但是不至于缺席。

중학생 정도이면 이해할 수 있을 겁니다.
中学生的话是可以理解的。

3 -을/를 통해서

↳ 表示通过某人、物、时间或某一过程而完成了后一行为，相当于汉语的"通过……"。

보기 아는 사람을 통해서 전화번호를 알았어요.
通过熟人打听到了电话号码。

두 사람이 쓴 글을 통해서 차이를 비교할 수 있었어요.
通过两个人的文章可以看出差异。

조선 왕조를 통해 세종만큼 위대한 통치자는 없었다.
纵观整个朝鲜王朝，没有比世宗更伟大的统治者了。

句型练习

1

보기

경호는 자전거를 산 친구가 아주 부럽다
경호는 자전거를 산 친구가 아주 부러운가 봐요.

지영 씨가 기분이 좋다 / 시험을 잘 봤다
지영 씨가 기분이 좋은 걸 보니까 시험을 잘 봤나 봐요.

(1) 토미 씨는 아직 미혼이다

(2) 야마모토 씨는 매운 음식을 먹지 못하다

(3) 이렇게 길이 막히다 / 사고라도 났다

(4) 과장님이 결근하셨다 / 많이 편찮으시다

2

보기

벌레가 생겼다

가 : 나뭇잎들이 구멍이 나고 색이 왜 이래요?
나 : 벌레가 생겼나 봐요.

제4과 한국에서는 남도 가족처럼 부르는 경우가 많아요

(1) 요즘 아르바이트 때문에 바쁘다

민준 씨는 왜 날마다 늦게 들어와요?

(2) 아마 유학 시험을 준비하다

준기가 영어 공부를 굉장히 열심히 하는군요.

(3) 네, 사장님이 안색이 좋지 않다 / 회사 형편이 나쁘다

사장님이 요즘 굉장히 힘드신 것 같아요.

(4) 네, 여기저기 알아보다 / 이사할 것이다

스티브 씨가 집을 옮기려고 해요?

3

병이 나다 / 열심히 일을 했습니다.

병이 날 정도로 열심히 일을 했습니다.

(1) 서희 씨는 항상 1등을 하다 / 공부를 잘했어요.

(2) 회의에서 논의하다 / 중요한 안건은 아닙니다.

(3) 수술도 할 수 없다 / 환자 상태가 아주 나쁘대요.

(4) 앞이 잘 보이지 않다 / 안개가 많이 끼었네요.

4

네, 한국 사람도 깜짝 놀라다 / 잘해요.

가 : 그 외국 사람이 한국말을 그렇게 잘한다면서요?
나 : 네, 한국 사람도 깜짝 놀랄 정도로 잘해요.

(1) 네, 휴직을 하다 / 안 좋으시대요.

과장님 병세가 심각한가 봐요.

(2) 네, 눈물이 나다 / 감동적이었어요.

그 영화가 그렇게 감동적이에요?

(3) 네, 학교도 제대로 다니지 못하다 / 가난했대요.

사장님 집이 어렸을 때 그렇게 가난했다면서요?

(4) 알아보지 못하다 / 변했던데요.

오랜만에 고향에 가 보니까 어때요?

5

보기 | 신문 / 매일매일 뉴스를 알 수 있습니다.

신문을 통해서 매일매일 뉴스를 알 수 있습니다.

(1) 인터넷 / 다른 사람들과 정보를 교환할 수 있어요.

(2) 여행 / 새로운 문화를 체험하는 것은 즐거운 일이에요.

(3) 아이의 눈 / 세상을 보면 모든 것이 달라 보입니다.

(4) 필기시험과 면접 / 신입 사원을 뽑습니다.

단어 生词
□ 미혼 未婚 □ 결근하다 缺勤 □ 편찮다 身体不适 □ 구멍 洞 □ 안색 脸色 □ 형편 境况
□ -등 第~名 □ 논의하다 讨论 □ 안건 案件 □ 상태 状态 □ 깜짝 (吓)一跳 □ 놀라다 吃惊
□ 휴직 休假 □ 심각하다 严重 □ 병세 病情 □ 감동적 感人 □ 체험하다 体验
□ 필기시험 笔试

콩글리시와 찜질방

콩글리시

나는 캐나다에서 유학을 온 학생인데 몇 달 전에 소개로 한국 여자 친구를 만나게 되었다. 그런데 내 여자 친구 윤서는 영어를 꽤 잘하는 편이다. 특히 그녀는 말할 때 한국식 영어를 많이 사용하는데 들을 때마다 정말 재미있다.

어제도 윤서가 분홍색 운동복을 입고 와서, 아주 잘 어울리고 예쁘다고 칭찬을 해 주었다. 그러니까 윤서가 "이 츄리닝 어제 아이 쇼핑 갔다가 30프로 디씨를 해서 하나 산 거야. 요즘 티비에서 씨에프 광고 하는 거잖아."라고 했다. 내가 윤서 말 속의 이상한 영어를 중얼거리니까 윤서가 배꼽을 잡고 웃었다. 그러면서 나보고 하는 말이 "너, 콩글리시 좀 배워야겠다."라고 하는 게 아닌가?

찜질방

나는 중국에서 온 기술 연수생이다. 처음으로 서울 같은 대도시에서 생활하게 돼서 고층건물과 복잡한 거리가 아직도 익숙하지 않다. 그래서 길을 가다 보면 정신없이 간판을 보고는 한다. ○○ 노래방, ○○ 머리방, ○○ PC방, 웬 방이 이렇게 많은지……. 나는 이런 방들을 구경하고  싶어서 하루는 PC방에 가서 게임을 하고 머리방에 가서 머리를 깎고는 소주방에 가서 한국 친구와 한잔한 후에 마지막으로 찜질방에 가 봤다. 방이 많기도 많은데 그 중에서 역시 찜질방이 제일 마음에 들었다. 목욕을 하고 누워 있으면 정말 편했다. 다음에 중국에서 친구들이 오면 또 한번 서울의 방들을 순례하고 싶다.

1. 첫 번째 글에 나오는 '츄리닝', '아이쇼핑', '디씨'의 의미는 무엇입니까?

2 두 번째 글의 중국인이 서울에서 인상적으로 생각하는 것은 무엇인 것 같습니까?

3 여러분이 한국에서 경험한 것 중에서 재미있었던 일이나 이상했던 일이 있었으면 이야기해 봅시다.

단어 生词

- 칭찬 称赞
- 기술 技术
- 정신없다 忙于，匆忙
- PC방 网吧
- 순례하다 巡礼
- 중얼거리다 喃喃自语，嘟囔
- 연수생 研修生
- 간판 招牌
- 소주방 酒馆
- 콩글리시 韩式英语
- 고층건물 高层建筑
- 머리방 美发厅
- 찜질방 汗蒸房

한국 문화 엿보기　了解韩国文化

韩国的酒

在深受儒家影响的韩国，酒席上的礼节非常重要。长辈（上司）给晚辈（部下）斟酒时，长辈可以用一只手，但是晚辈接酒时必须双手拿酒杯或者必须用一只手托着拿酒杯的另外一只手。晚辈斟酒时也同样，首先左手托着右手腕，然后慢慢斟酒。斟酒的时间也是等长辈把杯中酒喝完之后才能斟。而且，晚辈和长辈面对面喝酒是一种失礼，所以不得不与长辈一起喝酒的情况下，稍微侧着身子喝酒才算是有礼节的。女性也要注意，在韩国不能随便给男人斟酒。对这种看法，最近渐渐有所改变，但是一般都以为女性除了给自己的父亲、丈夫等亲属以外的人斟酒都是不正派的，也许对外国女性来说，很难接受或者难以适应，但是为了避免被人误解，要入乡随俗，请多加小心。

제**4**과　한국에서는 남도 가족처럼 부르는 경우가 많아요　43

제5과 초대받아 가는 건 처음이라 좀 긴장이 되는데

05-01

이 대리: 이따가 부장님 댁에 갈 때 같이 모여서 갑시다.

다니엘: 한국 사람 집에 초대받아 가는 건 처음이라 좀 긴장이 되는데, 특별히 조심해야 할 게 있나요?

이 대리: 글쎄요. 우선 집 안에 들어갈 때 현관에서 신발을 벗는 거는 아시죠?

다니엘: 네, 친구한테 들어서 대충 알고 있어요. 친구가 저보고 양말을 꼭 신고 가라고 했어요.

이 대리: 그리고 어른 앞에서 술 마실 땐 얼굴을 돌리고 마셔야 하고, 담배는 피우고 싶더라도 좀 참으세요. 그것말고는 별로 신경 쓸 건 없는 것 같아요.

다니엘: 들은 적이 있어요. 고개를 이렇게 돌리면 돼요? 미리 연습 좀 해야겠어요.

◉ 단어 生词

□ 모이다 集合　　□ 우선 首先　　□ 대충 大概
□ 돌리다 转，侧　□ 참다 忍　　　□ 신경 쓰다 用心
□ 고개 后脖颈

李代理 ： 一会儿去部长家的时候大家一起去吧。
丹尼尔 ： 第一次被邀请去韩国人家里，有点紧张。有什么需要特别注意的吗？
李代理 ： 这个……知道进去的时候要在玄关门那里脱鞋吧？
丹尼尔 ： 是，听朋友说过，大概知道。朋友告诉我一定要穿着袜子去。
李代理 ： 还有，在长辈面前喝酒的时候，要侧过脸去喝，即使想抽烟也要忍着。其他的就没有什么了。
丹尼尔 ： 听说过。这样侧脸可以吗？得提前练习一下。

 语法

1 -보고

→ 补助词，主要用于体词后，表示要行动的对象，相当于 '-에게'。后面只能出现表示说话的动词。

보기　식당에서 일하는 종업원보고 뭐라고 불러야 할지 모르겠어요.
　　　不知道该怎么称呼饭馆的服务员。

　　　그 사람보고 좀 도와 달라고 하세요.　让那个人帮下忙。

　　　저보고 이렇게 야한 옷을 입으라고요?　让我穿这么性感的衣服？

2 -더라도

↪ 连接词尾。用于谓词词干后，表示让步。相当于汉语的"即使"等。与'-아/어도'(参照初级2第27课语法)相比，具有更强的假设成分。

보기 물건에 이름을 써 놓으면 잃어버리더라도 찾을 수 있어요.
在物品上写上姓名，即使丢了也容易找到。

일찍 병원에 갔더라도 살지 못했을 거예요.
即使及时送进医院也活不过来。

제가 다시 이야기하지 않더라도 잊지 마세요.
别忘了，即使我不再提醒你。

3 -말고는

↪ 用于名词后，表示"除此之外，其他的都……"，相当于汉语的"除……外/都……"。跟'-외에는'的意思相同。

보기 한국에서 제주도말고는 모두 가 보았어요.
除了济州岛，韩国的其他地方我都去过了。

닭고기말고는 안 먹는 음식이 없어요.
除了鸡肉，我什么都吃。

팔을 조금 다친 것외에는 다른 상처는 없는데요.
除了胳膊受了点伤以外，其他地方没有受伤。

1 보기

길을 잃었을 때 누구 / 물어봐야 할지 몰랐어요.

길을 잃었을 때 누구보고 물어봐야 할지 몰랐어요.

(1) 친구가 저 / 선생님한테 이걸 전해 드리라고 했어요.

(2) 혼자 가기 싫으면 친구 / 같이 가자고 해.

(3) 민서야, 모르는 사람 / 반말을 하면 안 되는 거야.

(4) 결혼하면 아내 / 뭐라고 부르면 좋아요?

2 보기

제가 실수하다 / 귀엽게 봐 주세요.

제가 실수하더라도 귀엽게 봐 주세요.

(1) 돈이 있다 / 그 사람에게는 빌려 주고 싶지 않아요.

(2) 실패하다 / 한번 시도해 보고 싶습니다.

(3) 일찍 출발했다 / 제시간에 도착하지 못했을 거예요.

(4) 마음에 들지 않다 / 이해해 주시기 바랍니다.

3 보기

할인이 안 되다 / 사고 싶어요.

가 : 이 코트가 마음에 드세요? 이건 할인이 안 되는 것 같은데…….
나 : 할인이 안 되더라도 사고 싶어요.

(1) 글쎄요. 누가 대통령이 되다 / 경제를 살리기는 어려울 거예요.

다음 대통령은 어려운 경제를 살릴 수 있을까요?

(2) 다른 사람이 했다 / 이번 계약은 힘들었을 겁니다.

저 때문에 이번 계약이 잘 안 된 것 같습니다.

(3) 잘 못 부르다 / 흉보지 마세요.

미정 씨가 노래를 잘한다면서요? 한번 불러 주세요.

(4) 양복을 입지 않다 / 괜찮을 것 같은데요.

양복을 꼭 입어야 하나요?

4 보기

서울에서 경복궁 / 구경한 곳이 없어요.

서울에서 경복궁말고는 구경한 곳이 없어요.

(1) 이번 시험에서 듣기 / 다 잘 봤어요.

(2) 저는 토요일 / 언제든지 괜찮은데요.

(3) 이 일은 너하고 나 / 아는 사람이 없어.

(4) 말이 좀 많은 것 / 단점이 없는 사람이에요.

5

보기

김치찌개 / 할 줄 아는 게 없어요.

가: 김치찌개말고 다른 것도 할 줄 알아요?
나: 김치찌개말고는 할 줄 아는 게 없어요.

(1) 공포 영화 / 다 좋아해요.
어떤 영화를 좋아하세요?

(2) 수영 / 별로 잘하는 운동이 없어요.
수진 씨는 운동을 다 잘하시지요?

(3) 엔진 소리가 좀 큰 것 / 다 괜찮은데요.
자동차를 바꿀 때가 되지 않았어요?

(4) 거짓말했을 때 / 별로 야단치지 않아요.
아이를 자주 야단치세요?

단어 生词　□ 실패하다 失败　□ 시도하다 尝试　□ 대통령 总统　□ 살리다 救活　□ 계약 签约
　　　　　□ 흉보다 取笑　□ 단점 缺点　□ 공포 영화 恐怖电影　□ 야단치다 批评

제5과　초대받아 가는 건 처음이라 좀 긴장이 되는데

1 듣고 이어지는 말을 고르십시오.   05-07

  听后，找出合适的句子，完成对话。

  ① 김치를 먹어 보니까 맛이 어때요?
  ② 이 김치냉장고는 냄새가 하나도 나지 않아서 좋아요.
  ③ 김치냉장고를 열면 냄새가 날지도 모르니까 조심하세요.
  ④ 그러면 우리 집 김치 한번 맛보시겠어요?

2 듣고 대답하십시오.   05-08

  听后回答。

  (1) 무엇에 대한 글입니까?

  ① 놀란 일   ② 화가 나는 일
  ③ 실수한 일   ④ 즐거웠던 일

  (2) 듣고 내용과 같은 것을 고르십시오.

  ① 축구가 끝난 후에 근처 식당에 가서 짜장면을 먹었다.
  ② 이 사람은 공원에서 한국 사람들과 같이 짜장면을 먹었다.
  ③ 축구를 하러 공원에 가서 짜장면만 먹고 왔다.
  ④ 공원에 가서 오토바이를 타고 짜장면을 먹으러 갔다.

3 듣고 중심 내용을 고르십시오.   05-09

  听后选择中心内容。

  ① 요즘 야채와 과일이 아주 싸고 싱싱해서 좋다.
  ② 파란 트럭 아저씨가 배달까지 해 주어서 좋다.
  ③ 동네에 트럭에서 야채를 파는 아저씨가 있어서 편리하다.
  ④ 야채를 주문하면 아저씨가 언제든지 가져다주신다.

콩글리시 韩式英语

노트북 笔记本电脑
다이어리 记事本
더치페이 AA制
로터리 交通环岛
리모콘 遥控器
매니큐어 指甲油
미팅 学生联谊会
바바리 博柏利
비닐봉지 塑料兜
사이다 雪碧
샐러리맨 上班族
샤프 自动铅笔
서비스 服务，赠品
스카치테이프 透明胶
스킨십 肌体接触
사인 签名
CC (campus couple) 校园情侣

CF 电视广告
아이쇼핑 在商店不买东西闲逛
애프터서비스, A/S 售后服务
오토바이 摩托车
와이셔츠 （男式）衬衫
원샷 一口干
원피스 连衣裙
잠바 夹克
전자레인지 微波炉
츄리닝 运动服
콘센트 插座
콤플렉스 自卑感
파이팅 加油
프림 咖啡伴侣
펑크 轮胎漏气
프로 专业
핸드폰 手机

제6과 밤에 근처에 살 데가 아무 데도 없어서 곤란했잖아

마이클: 텔레비전에서 라면 광고가 나오니까 갑자기 먹고 싶어지는데 라면이 다 떨어졌네.

친 구: 먹고 싶더라도 좀 참아. 밤 12시가 넘었는데…….

마이클: 잠깐, 길 건너편에 편의점 있잖아. 편의점은 24시간 여니까 내가 얼른 갔다 올게. 다른 거 뭐 필요한 건 없어?

친 구: 음, 라면에다가 김밥 같이 먹으면 맛있겠다. 김밥도 좀 사 올래?

마이클: 알았어. 편의점이 가까운 데 있으니까 편하다. 미국에서는 밤에 급하게 필요한 게 있어도 근처에 살 데가 아무 데도 없어서 곤란했잖아.

친 구: 맞아, 그래서 필요한 게 있어도 할 수 없이 다음 날까지 기다리곤 했는데.

● 단어 生词

- 떨어지다 短缺，不足
- 얼른 快
- 곤란하다 麻烦，困难
- 건너편 对面
- 편하다 便利
- 할 수 없이 没有办法
- 편의점 便利店
- 급하다 急，着急

麦克： 电视上播方便面的广告呢，我突然想吃可是方便面都吃完了。
朋友： 不管有多想吃，还是忍一下吧。现在都晚上12点多了。
麦克： 啊，路对面不是有一家便利店嘛。便利店24小时营业，我赶快去买。还有什么需要的吗？
朋友： 嗯，方便面和紫菜包饭一起吃会很好吃。买点儿紫菜包饭好吗？
麦克： 知道了。便利店离得近，很方便。在美国，晚上即使有急需的东西也没有地方买，很麻烦。
朋友： 对，所以有需要的东西也只好等到第二天。

1 -에다가

→ 用于表示场所的名词后，表示说话者对某一行为涉及的场所给予赞同；或表示在某种情况或事物的基础上再加上另外的情况或事物。"-에"和"-에다" 也含有相同的意思，但"-에다가"所表示的意思更明确。

보기　어디에다가 화분을 놓을까요?　把花盆放在哪里呢?

열다섯에다 또 열다섯을 더하면 서른이지요.　十五再加十五的话是三十。

고기에다가 생선에다가 여러 가지 음식을 차리셨더군요.
肉啦，鱼啦，做了好多菜。

제6과　밤에 근처에 살 데가 아무 데도 없어서 곤란했잖아　53

-(으)ㄴ 데다가

↪ 由动词定语形词尾 '-(으)ㄴ/는' 与表示"情况、处境"的不完全名词 '데' 和表示附加的补助词 '-에다가' 连用时，表示在某种情况和行为上再增加另一种情况或行为。

> 보기　원래 키가 큰 데다가 높은 구두를 신으니까 키가 더 커 보여요.
> 本来个子就高，再穿上高跟鞋看上去就更高了。
>
> 눈이 온 데다가 갑자기 기온이 떨어져서 굉장히 미끄러워요.
> 下雪了，再加上降温，因此非常滑。
>
> 회의 준비를 제대로 하지 않은 데다가 진행도 엉망이었어요.
> 没有认真准备会议，会议进行得也很乱。

2　아무 -도

↪ '아무' 是表示"某"、"任何"的疑问代词，当它修饰名词，并与助词 '도' 连用时，表示全面否定，因此后一句也以否定形式出现。助词 '도' 的前面可接其他助词，当它修饰的名词为表示人的词语时，以 '아무도'、'아무에게도'、'아무한테서도' 等形式出现。

> 보기　그 사실은 아무도 모릅니다.　谁都不知道那件事儿。
>
> 아무한테도 연락하지 않았어요.　跟谁都没有联系。
>
> 아무 도움도 주지 못해서 미안할 뿐입니다.
> 没有帮上什么忙，很不好意思。

3　-곤 하다

↪ 用于动词后，表示某一动作反复出现。在过去时态中应用 '-곤 했다'。

> 보기　사고가 났던 그 순간이 요즘도 생각이 나곤 해요.
> 到现在事故发生的瞬间还经常浮现在脑海。
>
> 시간이 날 때마다 조금씩 연습하곤 했어요.
> 一有时间就一点一点练习来着。
>
> 전에는 장난 전화가 오곤 했는데 요즘은 안 와요.
> 以前常有骚扰电话打来，最近没有了。

유형 연습

1

보기

커피 / 설탕을 넣어 드릴까요?

커피에다가 설탕을 넣어 드릴까요?

비가 오다 / 바람까지 불어요.

비가 오는 데다가 바람까지 불어요.

(1) 25 / 5를 곱하면 얼마예요?

(2) 교실 벽 / 시계와 달력을 걸었어요.

(3) 그 영화는 원작이 좋다 / 배우들의 연기도 훌륭했어요.

(4) 이번 달에는 이사를 했다 / 치과 치료까지 받아서 돈을 많이 썼어요.

2

보기

원래 몸이 약하다
/ 과로해서 그런 것 같아요.

가 : 최윤석 씨가 왜 병이 났대요?
나 : 원래 몸이 약한 데다가 과로해서
   그런 것 같아요.

(1) 네, 이번 달에는 월급 / 보너스까지 나왔어요.

오늘 월급날이지요?

(2) 입고 있는 그 바지 / 이 셔츠를 입으면 잘 맞겠네요.

이 바지 위에는 뭘 입으면 좋을지 못 고르겠어요.

(3) 기온이 높다 / 습기도 많아서 그런 것 같아요.

오늘 너무 덥지 않아요?

(4) 결석을 많이 했다 / 공부도 하지 않아서 많이 떨어졌어요.

이번 시험 성적이 어떻게 나왔어요?

3 보기

어제부터 / 것 / 먹지 않았어요.

어제부터 아무 것도 먹지 않았어요.

(1) 방학 때 아직 / 계획 / 없습니다.
(2) 그 사람한테서 / 말 / 듣지 못했어요.
(3) 제가 할 테니까 / 준비 / 하지 마세요.
(4) 피곤해서 / 데 / 가고 싶지 않아요.

4 보기

데 / 가지 않았어요.

가: 휴가 때 어디에 갔다 왔어요?
나: 아무 데도 가지 않았어요.

(1) 것 / 몰라요.

한국 정치에 대해서 아세요?

(2) 소식 / 없어요.

지혜 씨한테서 소식이 왔어요?

(3) 이상 / 없대요.

의사 선생님이 진찰해 보고 뭐래요?

(4) -한테 / 말 안 했어요.

어제 제가 말했던 거 누구한테 말했어요?

5

보기

신경을 쓰면 혈압이 올라가다

신경을 쓰면 혈압이 올라가곤 해요.

대학생 때는 포장마차에 자주 갔다

대학생 때는 포장마차에 자주 가곤 했어요.

(1) 매운 음식을 먹으면 가끔 위가 아프다

(2) 초등학교 동창들하고 요즘도 연락을 하다

(3) 젊었을 때는 농담도 잘했다

(4) 아이 때 텔레비전을 보면서 춤을 따라 췄다

6

보기

피곤할 때마다 한 알씩 먹다

가: 비타민제를 날마다 드세요?
나: 피곤할 때마다 한 알씩 먹곤 해요.

(1) 걱정이 있으면 가끔 꿈을 꾸다

매일 꿈을 꿉니까?

(2) 노래방에 가서 큰 소리로 노래를 부르다

스트레스가 쌓이면 어떻게 풀어요?

(3) 축구나 야구를 했다

학교 다닐 때 친구들하고 뭐하고 놀았어요?

(4) 캠프에 참가했다

어릴 때 방학이 되면 뭐 했어요?

단어 生词 □ 곱하다 乘 □ 원작 原作 □ 연기 演技 □ 훌륭하다 优秀 □ 과로하다 过于劳累
□ 기온 气温 □ 결석 缺勤 □ 정치 政治 □ 소식 消息 □ 진찰하다 诊察 □ 혈압 血压
□ 포장마차 路边摊 □ 위 胃 □ 비타민제 维生素 □ -알 粒, 片 □ 참가하다 参加

설문 조사

다음은 한국 사람들에게 아래와 같은 상황일 때 드는 생각을 물어봤습니다. 여러분 같으면 어떤 생각이 들지 알아맞혀 봅시다.

调查一下韩国人在下面这样的情况下会有什么想法。大家在同样情况下会有什么想法。

(1) 휴가 여행지에서 괜찮은 남자(여자)에게 말을 걸고 싶을 때 하는 말은?

<남녀 10,418명 대답>

순위	내용	인원수
1		1,778명
2		1,206명
3	같이 노실래요?	1,060명
4		906명
5	게임 벌칙 수행중인데요. 연락처 좀…….	753명
6		446명
7		392명
8	핸드폰 한 번만 쓸 수 있을까요? (내 번호를 남긴다)	341명
9		320명
10		280명

(2) 내 맘대로 쓰는 내 용돈이지만 이렇게 쓰는 돈은 정말 아깝다.

<남녀 11,263명 대답>

순위	내용	인원수
1		721명
2	일회용 라이터, 우산 등 집에 있는 물건 또 사기	481명
3		439명
4		364명
5		277명
6	술값으로 쓴 돈	267명
7		242명
8		236명
9	게임 아이템 사는 돈	196명
10		149명

(3) 헤어진 애인과 우연히 마주쳤을 때, 가장 먼저 드는 생각은?

<남녀 10,146명 대답>

순위	내용	인원수
1	나에 대한 마음이 아직 남아 있을까?	2,136명
2		1,954명
3		1,533명
4	이왕이면 쿨하게 보여서 후회하게 만들어야 하는데…….	599명
5		537명
6	새 애인이 생겼을까?	385명
7		301명
8	오랜만에 봐서 반갑다.	299명
9		232명
10		208명

(1)

순위	내용
1	필요한 물건이 있는데, 있으면 좀 빌려주세요.
2	사진 좀 찍어 주실래요?
3	길이 모르겠는데?
4	어디 아파요?
5	가방 분실 신고인데요, 연락처 좀 …….
6	저기 가정인데요, 길 좀 물을게요.
7	돈 환전 하시겠어요?
8	혹시 추천해 줄 만한 곳 있으세요? (내 여행을 돕는다)
9	뭐 아픈 데를 말씀 없나요?
10	아기 잘 줄까요?

(2)

순위	내용
1	스케줄이나 답이 드는 여자 된 수 있기
2	일할을 갈이다, 수시 있는 것이 좀 될지 말 사기
3	외, 쇼시에서 일방적으로 돌진 받은 돈
4	교통 위반 딱지 받은 때
5	할말으한 동료애
6	종합으로 본
7	갑자 만난 영화, 일가 표 쯤
8	신용카드 잃어 시내는 수수료
9	인터넷 아니라 가 돈
10	내가 산 물건이 내일 후 세일할 때

(3)

순위	내용
1	나의 대답 마음이 아직 남아 있는가?
2	인사를 할까, 못할까 어떻게 피하는가?
3	왠 더 예쁘게(멋지게)하고 나올것……
4	이용이면 좀 있게 덜어서 즐겁하게 민들어아 할아 한아리……
5	밥은 잘 먹고 다니는지, 옷은 잘 입어 지네지 걱정하네.
6	새 애인이 생겼을까?
7	이렇으로 오지 말길!!!
8	약점있어 자사 마진지~
9	내가 더보다 더 잘 돌아녔는가 봐지길 못 하며~
10	서로 잘생상을 마주치지 않고 정상점으로 종결하길.

제7과 뭐든지 스마트폰으로 가능해요

바 투 : 오늘도 하루 종일 흐리군요. 다음 주도 날씨가 좋지 않다고 해서 여행을 미룰까 말까 생각 중이에요.

친 구 : 다음 주 날씨를 한번 봅시다. 화요일까지 비가 오다가 수요일, 목요일은 맑고 주말에 다시 비가 오네요.

바 투 : 스마트폰으로 날씨를 그렇게 자세히 알 수 있어요?

친 구 : 그럼요. 하루 날씨를 시간별로도 알 수 있고 주간 날씨는 물론 지역별 날씨도 한눈에 다 볼 수 있어서 좋아요.

바 투 : 정말 편리하군요. 다른 기능도 많이 있나요?

친 구 : 있고말고요. 교통 정보나 맛집 검색도 할 수 있고 이런 기능은 컴퓨터 못지않아요.

● 단어 生词

- 하루 종일 整天
- -별 别
- 맛집 有名的饭馆儿
- 미루다 推迟
- 주간 一周
- 자세히 详细
- 한눈에 一目了然

巴图： 今天也阴了一整天。下周天气也不会太好，所以在考虑是否推迟旅行。

朋友： 看一下下周天气。雨一直会下到星期二，星期三、星期四晴，周末又开始下雨。

巴图： 智能手机可以这么详细地显示天气啊？

朋友： 当然啦。不仅显示每个时间段的天气情况，一周天气、每个地区的天气也一目了然，非常好。

巴图： 真方便。还有其他的功能吗？

朋友： 当然有。交通信息、好吃的饭馆都可以搜索，这些功能不次于电脑。

语法

1 -(으)ㄹ까 -(으)ㄹ까

↪ 是表示意志和打算的 '-(으)ㄹ까' 的连用形式。表示说话者对自己的行为意志还没有确定，常用 '-(으)ㄹ까 말까' 的形式来表示自己的犹豫。

보기 졸업 후에 취직을 할까 유학을 갈까 생각 중이에요.
还没有决定毕业后是去留学还是工作。

부모님께 사실대로 여쭐까 말까 고민 중입니다.
还在犹豫是否把真相告诉父母。

고장 난 전축을 버릴까 말까 하다가 그대로 두기로 했어요.
犹豫是否要把有毛病的电唱机扔掉，结果还是留了下来。

2 -고말고요

→ 用于谓词词干后，表示肯定和强调。即对对方的意见和质问给予强烈的肯定，或对于命令、请求和要求表示欣然同意。

보기　가 : 문경호 씨가 일을 잘하나요?　文景浩工作干得好吗?
　　　나 : 잘하고말고요. 신입 사원 같지 않아요.　很好。一点都不像新人。

　　　가 : 승우는 똑똑하니까 이 정도 책은 어렵지 않겠지요?
　　　　　承佑很聪明，这样的书对他来说不难吧?
　　　나 : 어렵지 않고말고요.　肯定不难。

　　　가 : 내일 저를 좀 도와주실 수 있어요?　明天能帮我一个忙吗?
　　　나 : 네, 도와드리고말고요.　当然可以。

3 - 못지않다

→ '못하다'表示没能达到某种程度。'못지않다'是'못하지 아니하다'的缩略形，表示"不亚于""不次于"。用于名词后，表示已经达到相当的程度，不亚于它。用于疑问词后，表示最高或最好。

보기　정말 맛있어요. 솜씨가 요리사 못지않으신데요.
　　　真好吃，一点都不比厨师手艺差。

　　　그 아이는 어른 못지않게 생각이 깊어요.
　　　那个孩子像大人一下想得深刻。

　　　김 대리는 우리 회사에서 누구 못지않게 열심히 일합니다.
　　　金代理在我们公司工作最努力。

1

휴가 때 여행을 가다
/ 그냥 집에서 쉬다 / 생각 중입니다.

휴가 때 여행을 **갈까** 그냥 집에서 **쉴까** 생각 중입니다.

(1) 비행기로 가다 / 기차로 가다 / 망설이고 있어요.

(2) 졸업하고 취직을 하다 / 대학원에 진학하다 / 아직 결정하지 못했어요.

(3) 그 사람에게 사실대로 말하다 / 말다 / 망설이다가 못했어요.

(4) 머리를 자르다 / 말다 / 하다가 그만두었어요.

2

입사 원서를 내다 / 말다
/ 생각 중입니다.

가 : 그 회사에 입사 원서를 낼 거예요?
나 : 입사 원서를 **낼까 말까** 생각 중입니다.

(1) 글쎄요, 계속하다 / 그만두다 / 고민 중입니다.

개학한 후에도 아르바이트를 계속 할 거예요?

(2) 여행을 보내 드리다 / 잔치를 하다 / 망설이고 있어요.

부모님 환갑 때는 어떻게 할 거예요?

(3) 가다 / 말다 / 하다가 괜찮은 것 같아서 그만두었어요.

병원에 갔다 왔어요?

(4) 이 회사에 정이 들어서 옮기다 / 말다 / 고민하나 봐요.

지성 씨가 더 큰 회사로 옮기기로 했어요?

3

보기

우산을 빌려 드리다

가 : 우산을 안 가져 왔는데 우산 좀 빌릴 수 있을까요?
나 : 우산을 빌려 드리고말고요.

(1) 편리하다

집 근처에 지하철역이 생기니까 편리하세요?

(2) 돈이 많이 들다

아이를 키우려면 돈이 많이 드는 것 같아요.

(3) 힘들다

오늘같이 안개가 낀 날은 운전하기가 힘들죠?

(4) 그럼요, 되다

이 음식들이 포장도 되나요?

4

보기

수영 씨는 가수 / 노래를 잘 불러요.

수영 씨는 가수 못지않게 노래를 잘 불러요.

(1) 일을 시작하는 것 / 잘 끝내는 것도 중요해요.

(2) 인생에서 청소년기는 어느 때 / 중요한 시기입니다.

(3) 우리나라의 자동차 기술도 다른 나라 / 발전했어요.

(4) 우리 아이도 남 / 잘 키우고 싶어요.

5
보기

저도 예전에는 누구 / 건강했었는데.

가 : 자주 감기에 걸리는 걸 보니까 몸이 약하신가 봐요.
나 : 저도 예전에는 누구 못지않게 건강했었는데.

(1) 네, 운동선수 / 키도 크고 체격도 좋아요.

마크 씨 친구는 키가 커요?

(2) 이삿짐 푸는 일도 싸는 일 / 어려울 거예요.

이삿짐 푸는 일은 싸는 것보다 쉽겠죠?

(3) 그럼요. 그 쇼핑센터는 백화점 / 물건이 다양하고 많던데요.

그 쇼핑센터에 제가 원하는 물건이 있을까요?

(4) 최 과장님도 김 부장님 / 성격이 급하세요.

우리 회사에서 김 부장님 성격이 제일 급하신 것 같아요.

단어 生词　□ 망설이다 犹豫　□ 진학하다 升学　□ 개학하다 开学　□ 잔치 宴会　□ 환갑 花甲
□ (정이) 들다 产生（感情）　□ (돈이) 들다 花（钱）　□ 청소년기 青少年时节　□ 시기 时期
□ 기술 技术　□ 발전하다 发展　□ 남 别人　□ 예전 以前　□ 체격 体格　□ 급하다 着急

짧은 글, 긴 생각

아름다운 마무리

아름다운 마무리는
삶에 대해 감사하는 것이다.
처음의 마음으로 돌아가는 것이다.
아름다운 마무리는 내려놓음이다.
아름다운 마무리는 비움이다.
용서이고, 이해이고, 자비이다.
아름다운 마무리는 언제든
떠날 채비를 갖추는 것이다.

- 법정의 《아름다운 마무리》 중에서 -

중요한 것은 눈에 보이지 않는다

지금
우리가 보고 있는 것은
단지 껍데기에 불과하다.
중요한 것은 눈에 보이지 않는다.
사람이 어떤 것을 정확하게 볼 수 있는 건
오직 마음으로 볼 때이다.

- 생 텍쥐페리의 《어린 왕자》 중에서 -

1 첫 번째 글에서 작가가 말하는 '아름다운 마무리' 중에서 2개를 골라 쓰십시오.

2 두 번째 글에서 작가가 말하는 '눈에 보이지 않는 것'이란 어떤 것일까요?

단어 生词

- 마무리 结束阶段，结尾
- 자비 慈悲
- 단지 只，仅仅
- 오직 唯，仅，只
- 비우다 空置，空出
- 채비 准备
- 껍데기 皮，表皮
- 왕자 王子
- 용서 饶恕，原谅
- 갖추다 具备，备齐
- 불과하다 限于，只不过

한국 문화 엿보기　了解韩国文化

K-pop

K-pop虽是韩国流行的大众音乐的总称，但是一般特指1990年以后普及的"青春偶像组合音乐"。

K-pop在韩国以外的其他国家也有很高的人气。是有着坚实功底和独特魅力的群舞、唱功，以及艺人们的外貌和服装，加上从编舞、音乐、服装到宣传各方面都投入着巨大精力和财力的文化策划公司的存在，使K-pop艺人在国内外获得了很高的人气。

策划公司的专业培养，加上本人的汗水和努力让艺人们站在了华丽而高水准的舞台上，让他们超越国界走向了世界。

제8과　심한 악플은 폭력이나 다름없어요

08-01

메구미: 저 사람 오랜만에 텔레비전에 나왔군요. 한때는 꽤 인기가 있었는데 요즘 비호감이 된 이유가 뭐예요?

류 징: 음주 운전 사고를 낸 적도 있고 또 자기 의견을 너무 강하게 표현하고 해서 사람들한테 오해를 받는 모양이에요.

메구미: 인터넷을 보면 자기가 싫어하는 연예인에 대해 말도 안 되는 악플을 다는 사람들이 있던데 좀 심하다는 생각이 들어요.

류 징: 지나친 경우가 많죠? 사실 확인이 안 된 일을 계속 퍼뜨리고 해명을 해도 믿으려 하지 않고…….

메구미: 그러니까 그런 댓글들 때문에 상처를 받아서 우울증에 걸리는 경우도 있잖아요. 심한 악플은 폭력이나 다름없어요.

류 징: 인기가 생명인 연예인들에게는 당연히 더 견디기 어려운 일일 거예요.

◎ 단어 生词

- 한때 曾经，一度
- 표현하다 表现
- 달다 发帖
- 확인 确认
- 댓글 回帖
- 폭력 暴力
- 견디다 经得住，经得起
- 비호감 厌恶感
- 연예인 艺人
- 심하다 严重
- 퍼뜨리다 传播
- 상처 伤害
- 생명 生命
- 의견 意见
- 악플 恶评
- 지나치다 过度
- 해명을 하다 解释
- 우울증 抑郁症
- 당연히 当然

惠子 ： 那个人隐退一段时间后又在电视上复出了啊！人气曾经那么高，最近为什么人气掉下去了？

柳澄 ： 曾经因酒驾发生过车祸，而且太主张自己的意见，所以引起了误会。

惠子 ： 在网上，有些人给自己不喜欢的艺人写恶评，我觉得有点过分。

柳澄 ： 过分吧？还经常散发无凭无据的消息，人家出来解释也不听……

惠子 ： 所以，有些人因这样的恶评而得了抑郁症。过分的恶评和暴力没有两样。

柳澄 ： 人气就是生命的艺人们肯定更难以承受这样的恶评。

语法

1 -고 해서

→ 用于谓词词干后，表示是众多理由中的一个，暗示还存在其他理由。

보기 이 근처에 볼일도 있고 해서 시내에 나왔다가 들렀어요.
正好来附近办事就趁来市内的机会过来了。

바쁘지도 않고 해서 한 며칠 여행이나 다녀오려고 해요.
因为不忙，所以想去旅行几天。

적금도 타고 해서 시골에 땅을 조금 살까 하는데…….
存款都取出来了，在考虑要不要在乡下买地。

2 -(으)ㄴ/는/(으)ㄹ 모양이다

⇢ 表示"样子""形状"的名词'모양'接在动词定语形词尾'-(으)ㄴ/는/(으)ㄹ'后，表示说话者对某种状态或者动作的推测。其推测主要是以说话者的所见所闻为根据。

보기 그분 이야기를 들으니 회사 상태가 심각한 모양입니다.
听了他的话，才知道公司的情况很不好似的。

검은 구름이 낀 걸 보니 비가 많이 올 모양이에요.
乌云密布，好像要下大雨了。

인철이는 늦을 모양이니 우리끼리 먼저 먹자.
看来，仁哲晚点才能到，我们先吃吧。

3 -(이)나 다름없다

⇢ 用于名词后，表示和该名词没有两样。

보기 오랜만에 만났는데도 예나 지금이나 다름없어요.
虽然好久不见，但一点都没变。

이분은 저에게 친부모님이나 다름없는 분이에요.
这位对我来说就像是亲生父母一样。

자식이 있어도 없는 것이나 다름없다니까요.
有孩子跟没有孩子一样。

1

보기

머리도 아프다
/ 약속을 다음 주로 미뤘습니다.

머리도 아프고 해서 약속을 다음 주로 미뤘습니다.

(1) 출퇴근이 불편하다 / 직장 근처로 이사를 했습니다.

(2) 맛도 있고 값도 비싸지 않다 / 그 식당에 자주 갑니다.

(3) 이번 주 토요일이 결혼기념일이다 / 외식을 할까 해요.

(4) 지난번에 도움을 많이 받다 / 작은 선물을 하나 샀습니다.

2

보기

찬밥이 많이 남다
/ 볶음밥을 만들었습니다.

가: 오늘 점심은 볶음밥이군요.
나: 찬밥이 많이 남고 해서 볶음밥을 만들었습니다.

(1) 어머니 생신이다
/ 고향에 다녀오려고요.

웬 선물을 이렇게 많이 준비하셨어요?

(2) 마음씨도 착하다
/ 제가 먼저 프로포즈를 했어요.

어떻게 부인하고 결혼하게 되었어요?

(3) 손님도 없다 / 일찍 들어가려고요.

왜 오늘은 가게 문을 일찍 닫아요?

(4) 맡은 일도 성공적으로 잘 끝나다 / 한잔했습니다.

어제 직원들하고 늦게까지 술을 마셨나 봐요?

3

가방을 놓고 갔다 / 다시 오겠다

가방을 놓고 간 걸 보니 다시 올 모양이에요.

(1) 이름이 비슷하다 / 둘이 형제이다

(2) 하루 종일 웃다 / 뭔가 좋은 일이 있다

(3) 직원을 또 뽑다 / 사업이 잘 되다

(4) 기운이 없다 / 시험을 못 봤다

4

벌써 과장이 되었다 / 능력이 있다

가: 승호 씨가 과장이 되었대요.
나: 벌써 과장이 된 걸 보니 능력이 있는 모양이에요.

(1) 구급차가 지나가다 / 사고가 났다

갑자기 차가 왜 이렇게 막히죠?

(2) 부장님이 오후 약속을 취소하다 / 계속 하시겠다

오후에도 계속 회의를 할까요?

(3) 표정이 어둡다 / 기분이 안 좋다

지호 씨가 아까부터 아무 말도 안 해요.

(4) 손에 반지가 없다 / 아직 결혼하지 않았다

선생님이 결혼을 했을까요?

5

보기

집을 수리하니까 새 집

집을 수리하니까 새 집이나 다름없어요.

(1) 그 친구와 저는 형제

(2) 아주 깨끗이 써서 새 거

(3) 이곳에서 평생을 살았기 때문에 고향

(4) 도장은 찍지 않았지만 계약을 한 것

단어 生词 미루다 推迟   직장 职场   결혼기념일 結婚紀念日   찬밥 冷饭, 冷落   마음씨 心地
형제 兄弟   장사 生意   기운 精神, 劲   능력 能力   구급차 急救车   취소하다 取消

제8과 심한 악플은 폭력이나 다름없어요   75

듣기

听力

1 듣고 이어지는 말을 고르십시오. 08-07
听后，找出合适的句子，完成对话。

① 정말요? 당장 바꿔야겠네요.　　② 글쎄요, 문자도 많이 보내고 해서…….
③ 그럼요, 무료이고말고요.　　　　④ 그래요? 공짜나 다름없군요.

2 듣고 대답하십시오. 08-08
听后回答。

(1) 이 글은 어떤 글입니까?

① 부모님께 보낸 편지　　② 하루 생활을 적은 일기
③ 친구에게 보낸 이메일　④ 방송국에 보낸 글

(2) 듣고 맞으면 O, 틀리면 X 하십시오.

① 이 사람은 호주에 유학 온 지 오래 되었습니다.
② 외국에서도 컴퓨터를 통해 한국 방송을 들을 수 있습니다.
③ 이 사람은 엄마의 생일을 축하하고 싶어합니다.
④ 이 사람은 엄마와 통화를 하지 못해서 글을 쓰게 되었습니다.

3 듣고 빈칸에 알맞은 말을 쓰십시오. 08-09
听后填空。

전화기가 꺼져 있어 소리샘으로 연결 중입니다.
(　　　　　　) 통화료가 부과됩니다.
메시지를 (　　　　　　) 1번, 연락 번호를 (　　　　　　) 2번을 눌러 주십시오.
지역 번호와 (　　　　　　) 전화번호를 (　　　　　　) 별표나 우물 정자를 눌러
주십시오.
저장되었습니다. (　　　　　　) 감사합니다.

발음 규칙 发音规则

'ㄴ' 音节添加

合成词或者派生词，前音节以辅音结尾，后音节的首音节为'이，야，여，요，유'时，读的时候要加'ㄴ'读为[니，냐，녀，뇨，뉴]。两个单词连在一起读也依照此规则。

① 꽃잎 [꼳닙] → [꼰닙]　　　　색연필[색년필] → [생년필]
　　영업용[영업늉] → [영엄늉]　　나뭇잎[나묻닙] → [나문닙]
　　강남역 [강남녁]　　두통약 [두통냑]　　식용유[시굥뉴]

② 앞일 [압닐] → [암닐]　　　　서울역[서울녁] → [서울력]
　　휘발유[휘발뉴] → [휘발류]　　물약[물냑] → [물략]

③ 할 일[할 닐] → [할 릴]　　　　옷 입다 [온 닙따] → [온 닙따]
　　한 일[한 닐]　　　　졸업 여행 [조럽 녀행] → [조럼 녀행]

제9과 다시 학교에 다녀 보고 싶은 마음이 드네요

동 료: 어제 우리 아들 학교에 가서 수업 참관을 했는데 수업하는 모습이 우리 때와는 완전히 달라졌어요. 시설도 얼마나 잘 돼 있는지 몰라요.

이 대리: 어땠는데요?

동 료: 다양한 자료를 사용할 수 있게 교실마다 컴퓨터와 스크린이 설치되어 있었어요. 그리고 그런 걸 이용해서 원어민이 영어를 가르쳐 주고 아이들도 꽤 잘 따라했어요.

이 대리: 어학 수업을 그렇게 하면 외국어를 생생하게 배울 수 있겠네요.

동 료: 그리고 선생님 말씀에 의하면 학생들이 직접 동영상을 만들어서 발표하기도 한다는군요.

이 대리: 초등학생들이 그런 것까지 해요? 그런 말을 들으니까 다시 학교에 다녀 보고 싶은 마음이 드네요.

◉ 단어 生词

- 참관을 하다 参观
- 다양하다 多种多样
- 따라하다 模仿，跟着做
- 마음이 들다 有……的想法，有……的心思
- 완전히 完全
- 설치되다 设置了
- 생생하다 生动
- 시설 设施
- 원어민 母语使用者
- 동영상 视频

同事 : 昨天我去儿子学校参观了，上课的样子和我们那个时候完全不同。设备也非常好。

李代理 : 怎么样？

同事 : 教室里都设有电脑和大屏幕，便于使用各种材料。母语为英语的英语老师用这些设备在教英语，孩子们学得也很好。

李代理 : 那样上语言课的话，能非常生动地学习外语。

同事 : 还从老师那里听说，学生们自己动手制作视频来发言。

李代理 : 小学生都能做那个东西啊？听了这话，真想再去上学啊。

1 얼마나 -(으)ㄴ지 모르다

→ 在 '-(으)ㄴ지/는지/었는지 몰라요' (参考中级1第4课语法)的前面用 '얼마나' 表示"不得了""不知所措"。 是说话者对所知道的事实加以强调或表示感叹。'얼마나 -다고요./(으)ㄴ다고요.' 也具有相似的意思，用于说话者对刚知道的事有所反应时。

보기 어제 지은 씨네 집들이에 갔다 왔는데 집이 얼마나 큰지 몰라요.
昨天参加了智恩家的搬家宴，她家可大了。

우리 아이는 5살이 되고부터 얼마나 말을 안 듣는지 몰라요.
我家孩子5岁以后不知道有多不听话。

책을 읽고 있는데 갑자기 문이 열려서 얼마나 놀랐다고요.
看书的时候，门突然开了，下了一大跳。

제9과   다시 학교에 다녀 보고 싶은 마음이 드네요   79

2 -게

⇝ 用于动词词干后，表示动作所达到的程度。与'-도록'相同，但所表示的程度没有'-도록'强烈，主要用于口语中。

보기　개가 집 밖으로 나오지 못하게 묶어 놓았습니다.
　　　我把狗拴住，以防它跑出家去。

　　　물을 끓이게 주전자 좀 꺼내 주세요.
　　　请把水壶拿出来，我要烧水。

　　　사람들이 앉아서 쉬게 여기에 의자를 놓는 게 어때요?
　　　把椅子放在这里好让人们休息，如何？

3 -에 의하면

⇝ 用于名词后，表示依据、根据。其名词常为表示情报、信息的词，动词常用间接引用法。相当于汉语的"根据""依据""依靠"。

보기　교통 안내 방송에 의하면 지금 시내 도로가 많이 막힌대요.
　　　根据交通信息，现在市内很堵。

　　　대사관 직원 말에 의하면 비자가 나오는 데 1주일 정도 걸린대요.
　　　据大使馆工作人员说，办签证需要一周左右。

　　　내 짐작에 의하면 사장님이 이번 일은 그냥 지나가지 않을 것 같아요.
　　　依我的直觉，经理对这件事情不会善罢甘休的。

유형 연습

1

보기: 우리 집은 남향이어서 겨울에도 / 따뜻하다

→ 우리 집은 남향이어서 겨울에도 얼마나 따뜻한지 몰라요.

(1) 사고가 났는데 인명 피해가 없어서 / 다행이다

(2) 부탁을 못 들어 줘서 / 미안하다

(3) 아기가 아직 돌이 안 됐는데 / 잘 걷다

(4) 영상 통화를 처음 할 때 / 재미있고 신기했다

2

보기: 밤새 눈이 와서 길이 / 미끄럽다

가: 길이 많이 미끄러워요?
나: 밤새 눈이 와서 길이 얼마나 미끄러운지 몰라요.

(1) 1년 동안 고생했는데 합격해서 / 좋다

아들이 원하는 대학에 들어가서 좋죠?

(2) 네, 사춘기라서 외모에 / 신경을 쓰다

요즘 지현이가 거울을 자주 보네요.

제9과 다시 학교에 다녀 보고 싶은 마음이 드네요 81

(3) 힘들어도 / 보람이 있다

일이 많이 힘드실 텐데 정말 수고가 많으십니다.

(4) 네, 아이가 없어졌을 때 / 놀랐다

백화점에서 아이를 잃어버렸다가 찾았다면서요?

3

보기

짐이 깨지지 않다 / 잘 싸서 옮기세요.

짐이 깨지지 않게 잘 싸서 옮기세요.

(1) 뒤에서도 잘 보이다 / 글씨를 크게 써 주세요.

(2) 다른 사람에게 방해되지 않다 / 조용히 말하세요.

(3) 다른 사람이 들어오지 못하다 / 문을 꼭 잠그세요.

(4) 혼자서 찾아올 수 있다 / 약도를 자세히 그려 주었습니다.

4

보기

네, 아이들이 먹을 수 있다 / 적당히 잘라 주세요.

가 : 이 갈비를 잘라 드릴까요?
나 : 네, 아이들이 먹을 수 있게 적당히 잘라 주세요.

(1) 네, 시간이 잘 맞다 / 고쳐 주세요.

이 시계가 자꾸 늦어지나요?

(2) 아니요, 뒤에서도 들을 수 있다
/ 크게 말씀해 주십시오.

뒤에서 제 목소리가 들립니까?

(3) 넘어지지 않다
/ 이쪽 벽에 잘 붙여 놓았습니다.

책장을 어디다가 놓았어요?

(4) 꽃이 시들지 않다
/ 자주 물을 갈아줬거든요.

이 꽃이 아직도 싱싱하네요.

5 보기

이 신문 기사
/ 올해는 경기가 좀 나아질 거래요.

가 : 올해 경제 상황도 작년처럼 나쁘면 어떻게 하죠?
나 : 이 신문 기사에 의하면 올해는 경기가 좀 나아질 거래요.

(1) 안내 방송 / 두 시간 쉬고 출발한대요.

이 비행기는 방콕에서 얼마나 쉽니까?

(2) 일기 예보 / 내일 오전에는 비가 오다가 오후에 차차 갤 거래요.

내일 날씨가 좋아야 하는데…….

(3) 판매원 말
/ 한 달에 한 번 바꿔 줘야 한대요.

이 청소기 필터는 얼마나 자주 교환해야 해요?

(4) 계약서 / 이번 달 말까지 내는 거래요.

아파트 잔금은 언제까지 내야 해요?

단어 生词 □남향 南向 □인명 人命 □피해 被害, 受损失 □다행 万幸 □영상 통화 视频通话
□신기하다 神奇 □밤새 夜间 □외모 外貌 □보람 意义 □수고 辛苦 □방해되다 打扰
□잠그다 锁 □약도 略图 □자세히 详细 □넘어지다 摔倒 □시들다 枯萎 □싱싱하다 新鲜
□경기 景气 □상황 状况 □차차 渐渐 □개다 放晴 □잔금 余款

리플 달기

다음은 인터넷에 나온 기사입니다. 다음 기사를 읽고 리플을 써 보십시오.
下面是一篇网络报道。看完这篇报道后发帖评论。

[1] 유명 연예인의 결혼 발표 기사

유명 여배우 A 씨는 금융 회사에 다니는 평범한 회사원과 다음 달 19일에 B호텔에서 결혼식을 올린다. 한 남자의 아내로 새로운 인생을 걸어가기로 결정한 A 씨에게 축하 부탁드리며 예쁜 시선으로 축복해 주시기를 바란다고 소속사가 밝혔다.

_____
_____
_____

[2] 다이어트 성공 기사

가수 C 씨가 다이어트에 성공해 2달 만에 10킬로그램을 뺐다. 얼굴 볼살도 없어지고 몸매도 운동을 같이 해서 탄력이 있고 날씬해졌다. 무엇보다 자신감과 생활의 활기를 되찾아 기뻐한다.

_____
_____
_____

[3] 스포츠 선수의 은퇴 발표

미국의 유명 풋볼 선수인 D 씨가 오늘 구단 사무실에서 공식 은퇴를 발표했다. D 씨는 12년 동안 써 왔던 헬멧을 내려놓는 순간 흐르는 눈물을 참지 못했다. 그는 2001년 처음 지명을 받아 구단에 입문한 뒤 2번의 슈퍼볼 우승 반지를 손에 끼었고 2009년에는 최우수(MVP) 선수로도 뽑혔다.

[4] 뺑소니 사고

헐리우드 여배우 E 씨가 뺑소니 사고 혐의를 받고 있다. 5일 새벽 스포츠카를 타고 클럽에서 나오다가 파파라치와 구경꾼들이 몰리자 놀라서 급히 도망치다가 그 중 한 명을 자신의 차로 치고 도주했다. 피해자는 다친 곳은 없으나 변호사를 선임해 E 씨를 고소할 것으로 보인다.

제10과 이 대리님한테 안 보여줬더라면 연체료 낼 뻔 했어요

수　지 : 이게 우편함에 꽂혀 있던데, 수도 요금 고지서 아니에요?

이 대리 : 어디 봅시다. 맞아요. 그런데 수지 씨 아파트는 수도 요금 고지서가 따로 나오나 봐요. 저희는 가스 요금이 따로 나오는데.

수　지 : 이런 공과금은 관리비에 다 포함되지 않나요?

이 대리 : 대부분은 그런데 지역에 따라 조금씩 다를 거예요.
아이고, 마감일이 오늘이네요.

수　지 : 이 대리님한테 안 보여줬더라면 연체료 낼 뻔 했어요. 이따가 오후에 은행에 가서 내야겠네요.

이 대리 : 오늘이 말일인데다 월요일이니까 사람이 많아서 한참 기다릴지 몰라요. 시간이 되면 오전에 갔다 오도록 하세요.

● 단어 生词

- 우편함 信箱
- 고지서 通知书，缴费单
- 포함되다 包含
- 말일 最后期限
- 수도 上水道
- 공과금 公共费用
- 대부분 大部分
- 한참 很久
- 요금 费
- 관리비 管理费，物业费
- 연체료 罚款

秀智　：这个插在信箱里，是不是水费单？
李代理：我看看。 对。秀智，你们公寓水费单单独发放啊。 我们那里燃气单单独发放。
秀智　：这些公共费用不是包含在物业费里吗？
李代理：大部分是那样，但是地域不同，稍有差别。哎呀，今天是最后一天。
秀智　：如果不是李代理，差点被罚款了。下午去银行交。
李代理：今天是最后一天，又是周一，所以银行人会很多，也许要等很久。
　　　　如果有时间的话，还是上午去吧。

1 -았/었더라면

↪ 连接词尾。用于谓词词干后，对已经过去的事进行假设。

보기 조금만 조심했더라면 사고가 나지 않았을 텐데…….
稍微小心一点的话，事故就不会发生了。

현금으로 가지고 갔더라면 문제가 없었을 거예요.
带现金去的话，就不会有问题了。

그 사람이 도와주지 않았더라면 굉장히 고생했을 거예요.
如果那人不帮忙的话，会很费劲。

2 -(으)ㄹ 뻔 하다

> 用于动词词干后，表示差一点出现某一情况，但实际上未发生，所以常和带有否定意义的动词接在一起使用，同时也含有十分幸运的意思。

보기   한눈 파는 사이에 아이가 위험할 뻔 했어요.
走了一下神, 孩子差点出了危险。

누구에게나 죽을 뻔 한 경험이 한두 번쯤 있을 거예요.
谁都会有一两次差点死掉的经历。

넘어질 뻔 했는데 손잡이를 잡아서 다행히 안 넘어졌어요.
差点摔倒, 幸亏抓住了拉手, 没有摔。

3 -도록

> 连接词尾。用于谓词词干后，表示促使某动作或状态完成，或使状态达到某种程度或某一目标等。相当于汉语的"使得……""为了……"。如'-도록'后面跟动词'하다'，表示为达到某一种程度而努力，相当于"使动态"。另外还有一种惯用法，表示超越某一时间或程度。

보기   내일 일찍 일어나야 하니까 일찍 자도록 합시다.
明天得早起, 尽量早睡吧。

면접시험에서는 실수하지 않도록 하세요.
面试的时候, 别出差错啊!

이 책은 외국 사람들이 이해할 수 있도록 쉽게 설명해 놓았습니다.
这本书为了让外国人方便理解, 说明都很简单。

사람들이 찾지 못하도록 꼭꼭 숨기세요.
好好藏起来, 别让别人找到。

밤이 새도록 이야기를 나누었습니다.
熬夜聊天来着。

목이 아프도록 설명했는데도 내 말을 알아듣지 못하는 것 같았어요.
我解释得嗓子都疼了, 他好像还是没有听懂。

유형연습

1

보기: 오늘 생일인 줄 알다 / 작은 선물이라도 준비했을 텐데…….

→ 오늘 생일인 줄 알았더라면 작은 선물이라도 준비했을 텐데…….

(1) 아침에 일기 예보를 듣다 / 우산을 가지고 왔을 거예요.

(2) 미리미리 하다 / 이렇게 일이 쌓이지 않았을 텐데요.

(3) 시간이 좀 더 있다 / 이야기를 충분히 할 수 있었을 겁니다.

(4) 예약하지 않다 / 구경을 못했을 거예요.

2

보기: 너무 바빠서 약속을 잊어버리다

→ 너무 바빠서 약속을 잊어버릴 뻔했어요.

(1) 일하다가 손을 다치다

(2) 결혼기념일을 그냥 지나치다

(3) 계단을 내려가다가 넘어지다

(4) 가스레인지를 켜 놓고 잠이 들어서 불이 나다

3

수민 씨가 그려 준 약도가 없다 / 고생하다

가 : 처음 가보는 길이었을 텐데 집을 찾기가 쉬웠어요?
나 : 수민 씨가 그려 준 약도가 없었더라면 고생할 뻔했어요.

(1) 말해 주지 않다 / 마시다

그 우유는 유통기한이 지난 건데요.

(2) 네, 지나가는 사람의 도움이 없다 / 혼자서 고생하다

어제 길에서 쓰러졌다면서요?

(3) 네, 친구한테 선물로 받았는데 그 날 사다 / 후회하다

이 노래 시디가 지난번에 사려고 했던 거예요?

(4) 네, 그때 비상약을 가지고 가지 않다 / 큰일 나다

외국에 여행 갔을 때 배탈이 났었다고요?

4

아무리 바빠도 약은 제시간에 먹다 / 하세요.

아무리 바빠도 약은 제시간에 먹도록 하세요.

우표가 떨어지지 않다 / 풀로 잘 붙이세요.

우표가 떨어지지 않도록 풀로 잘 붙이세요.

(1) 오늘 회의에서는 결정을 하다 / 합시다.

(2) 위험하니까 아이가 만지지 못하다 / 하세요.

(3) 자동차 두 대가 들어가다 / 주차장을 넓혔습니다.

(4) 아이가 열지 못하다 / 뚜껑을 꼭 닫아 놓았습니다.

5

보기

세 시가 되다 / 점심도 안 먹고 뭘 한 거예요?
세 시가 되도록 점심도 안 먹고 뭘 한 거예요?

오랜만에 뷔페식당에서 배가 터지다 / 먹었어요.
오랜만에 뷔페식당에서 배가 터지도록 먹었어요.

(1) 20살이 넘다 / 데이트를 한 번도 안 해 봤다고요?

(2) 봄이 다 지나다 / 왜 꽃이 안 피는지 모르겠어요.

(3) 눈이 빠지다 / 그 사람을 기다렸어요.

(4) 코가 비뚤어지다 / 술을 마셨어요.

6

보기

준비해야 하니까 9시까지 오다 / 하세요

가 : 내일 10시까지 오면 되나요?
나 : 준비해야 하니까 9시까지 오도록 하세요.

(1) 앞으로는 대화도 많이 하고 잘 지내다 / 합시다.

서로 대화가 없어서 지금까지 오해를 많이 한 것 같아요.

(2) 음식이 남지 않다 / 먹을 만큼만 준비하세요.

음식을 얼마나 준비할까요?

(3) 밤이 깊다 / 친구들과 얘기를 했어요.

오랜만에 친구들을 만났는데 얘기를 많이 했어요?

(4) 침이 마르다 / 칭찬을 하시던데요.

정 교수님이 예주에 대해서 어떻게 말씀하셨어요?

단어 生词　□ 잠이 들다 睡着　□ 쓰러지다 晕倒　□ 비상약 应急药　□ 뚜껑 盖子　□ 터지다 破
□ 비뚤어지다 歪了, 斜了　□ (밤이) 깊다 （夜）深　□ 침 口水

에너지 절약법 3·3·3

우리나라는 에너지의 96%를 수입에 의존하고 있고, 석유 소비는 세계 10위입니다. 최근 들어 계속되는 유가 인상으로 정부에서는 다음과 같은 절약 운동을 국민들에게 권장하고 있습니다.

가정에서 3
- 플러그 뽑기
- 불필요한 조명 끄기
- 적정 실내온도 지키기

사무실에서 3
- 점심·퇴근 시간 조명등 끄기
- 사용하지 않는 컴퓨터 끄기
- 엘리베이터 운행 줄이기

자동차에서 3
- 요일제 참여하기
- 대중교통 이용하기
- 경제속도 실천하기(60km/h~80km/h)

공동 주택에서의 예절

요즘 몇 가지 민원이 제기되어 주민 여러분에게 공동 주택 생활에 있어서 꼭 지켜야 할 예절에 대해 다시 한 번 부탁 말씀 드립니다.

- 현관 앞이나 계단 등 공용 부분에 물건(자전거, 신문 등)이나 쓰레기를 내놓지 마십시오. 다른 주민들의 통행에 방해가 되고 불쾌감을 줄 수 있사오니 물건이나 쓰레기를 내놓으신 분들은 빠른 시일 내에 치워 주시기 바랍니다.

- 층간 소음으로 민원이 발생하는 일이 많습니다. 저녁 시간에 피아노 연습 등을 삼가 주시고, 러닝머신 사용, 골프 연습 시에는 소음이 발생하지 않도록 해 주시기 바랍니다. 음향기기와 텔레비전 볼륨을 너무 크게 하지 마시고, 어린 아이들이 집 안에서 뛰지 않도록 주의해 주십시오.

1 첫 번째 글의 내용과 다른 것을 고르십시오.
   ① 천천히 달리면 자동차 기름을 절약할 수 있다.
   ② 가능하면 계단을 이용하도록 한다.
   ③ 사용하지 않는 가전제품은 플러그를 빼 놓는다.
   ④ 1주일 중 하루를 정해 자동차를 운전하지 않는다.

2 여러분이 생활에서 실천하는 에너지 절약법이 있습니까?

3 두 번째 글을 읽고 빈칸에 알맞은 단어를 쓰십시오.
   (1) 쓰레기나 자전거는 현관 앞이나 계단 같은 (   )에 내놓지 마십시오.
   (2) 아파트 같은 (   )에서는 이웃간에 서로 예절을 지켜야 합니다.
   (3) 요즘 (   )으로 이웃 간에 불쾌한 일이 생기는 경우가 많습니다.

4 한국의 공동 주택에서 생활해 본 적이 있습니까? 불편했거나 재미있었던 경험이 있었습니까?

단어 生词

수입 进口	의존하다 依存	석유 石油
소비 消费	-위 位	유가 油价
인상 升值	권장하다 劝勉	조명 照明
적정 合适	참여하다 参加	경제속도 经济速度
실천하다 实践	공동 주택 共同住宅	예절 礼节
민원 民怨, 信访	제기되다 提议	공용 公用
통행 通行	불쾌감 不快感	층간 소음 楼层间噪音
발생하다 发生	삼가다 收敛	음향기기 音响

한국 문화 엿보기　了解韩国文化

征兵制度

韩国男性有征兵制度。高中毕业之后进行体检，没有发现大问题，其后可以入伍。

征兵时期是高中毕业之后，如考上大学或专门学校，可以中途办休学手续申请兵役，复原之后重入大学，这是在男女混合大学最为常见的例子。

征兵一般，被分到陆军部队去。兵役时间是二十六个月，期间主要接受射击、跆拳道等军事训练，每天都进行教育。

在研究生院修完硕士课程之后，分到政府指定的企业里去，在那里工作五年就等于兵役完了，如果是独生子，就可以缩短兵役期，还有身高、体重未达标可免兵役，等等，关于兵役方面的规定也是千姿百态。

关于青春期兵役问题，社会上的反映也是褒贬不一。根据经验者说，军队生活虽然苦一点儿，但这是使一般人掌握集体行动的一段过程，经过军队生活，人会成熟起来，到社会里去，也会起作用的。但是有些人认为，在青春期的最美的时光在军队里度过，觉得可惜。

总之，在韩国社会里，服兵役是男人的特权又是男人所面临的痛苦的问题。

제11과 비자 연장 신청을 미리 해 놓는 게 좋을 거예요

수 지: 마이클 씨, 한국에 온 지 1년이 다 돼 가지 않아요?
마이클: 네, 비자가 6월이면 끝나는데, 가능하면 연장해서 더 있고 싶어요.
수 지: 마이클 씨는 한국 생활에 워낙 적응도 잘하고 직장에서도 인정받고 있으니까…….
마이클: 인정받기는요. 여기 생활에 꽤 익숙해졌고 아이들 가르치는 것도 적성에 맞고 해서 좀 더 있으려는 건데요, 뭘.
수 지: 그러려면 비자 연장 신청을 미리 해 놓는 게 좋을 거예요. 제 친구는 체류 기간이 끝나갈 때 급히 하려다가 고생 좀 했거든요.
마이클: 그런데 어떤 서류가 필요한지 아세요?
수 지: 제가 작년에 할 때는 고용 계약서하고 신원 보증서를 냈었어요. 자세한 건 출입국 관리 사무소에 전화해서 알아보세요.

● 단어 生词

- 연장하다 延长
- 체류 기간 滞留期限
- 신원 보증서 身份证明书
- 워낙 原本，非常
- 급히 急着
- 출입국 관리 사무소 出入境管理事务所
- 인정받다 得到认可
- 고용 계약서 雇佣合同

秀智 ： 麦克，你来韩国快一年了吧？

麦克 ： 是啊，签证六月到期。如果可能的话，我想延期，继续留在这里。

秀智 ： 韩国的生活你适应得很好，而且在工作上也被认可。

麦克 ： 哪有。只是已经习惯了这里的生活，而且教小孩的工作很适合我，所以想留下来而已。

秀智 ： 如果是这样，尽早申请签证延期比较好。我朋友，滞留时间快结束的时候才急忙去办延期，结果费了很大劲。

麦克 ： 你知道都需要什么材料吗？

秀智 ： 我去年申请的时候提交了雇佣合同书和身份证明书。具体情况你给出入境管理事务所打电话问问。

语法

1 -아/어 가다(오다)

→ 用于动词后，表示动作随着时间的推移继续进行或者有空间的移动。如果和说话者所在的场所越来越远时，用 '-아/어 가다'，越来越近时用 '아/어 오다'。

보기　다 완성되어 가니까 조금만 기다려. 快做完了，稍等一下。

웬 남자가 나를 향해 접근해 오면서 따라오라는 눈짓을 했다.

一个男的向我走来，给我递了一个"跟我来"的眼色。

열심히 해 가면 언젠가는 좋은 결과가 있을 겁니다.
只要努力，总会有好结果。

제11과　비자 연장 신청을 미리 해 놓는 게 좋을 거예요　97

2 -(으)ㄴ데, 뭘

→ '-(으)ㄴ데, 뭘 그래요?'的缩略形有 '-(으)ㄴ데, 뭘' 和 '-(으)ㄴ데, 뭐', 常用于说话者对对方的行为或意见给予轻松的客套回答或提出方案时。另外也有 '-기는요. 뭘' 和 '-지요. 뭘' 等格式。

보기　가 : 이 옷이 저에게 잘 안 어울리는 것 같아요.　这件衣服好像不适合我。

　　　나 : 아니요, 젊어 보이는데요, 뭘.　不啊, 看上去很年轻啊。

　　　가 : 한국말을 잘하시네요.　你的韩语说得真好。

　　　나 : 잘하기는요, 뭘.　哪有。

　　　가 : 야유회갈 때 도시락은 각자 준비해야 하나요?
　　　　　去郊游的时候自己准备盒饭吗?

　　　나 : 제가 한꺼번에 준비하지요, 뭘.　我都给准备了吧。

3 -았/었어요

→ 是表示过去时词尾间的连用形态, 表示在过去的某一时间内, 已经完成了某一动作, 或其动作与现在相比已有所不同或完全不同, 即"过去完成时"。

보기　지금은 키가 작지만 어렸을 때는 컸었어요.
　　　虽然现在个子矮, 但小时候个子很高。

　　　어제 선생님이 물어봤을 때 사실은 숙제를 하지 않았었어요.
　　　昨天老师问的时候, 其实我没有做作业。

　　　저는 대학 시절에 사진 동아리 활동을 했었어요.
　　　我上大学的时候参加过摄友会。

1

보기

신경 써서 물을 주었는데도 점점 시들다 / 가요.

신경 써서 물을 주었는데도 점점 시들어 가요.

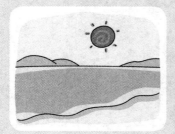

아침 해가 점점 밝다 / 오네요.

아침 해가 점점 밝아 오네요.

(1) 아이가 크다 / 가면서 성격이 많이 바뀌었어요.

(2) 의사 선생님이 다 죽다 / 가는 사람을 살려 냈습니다.

(3) 지금까지는 숨기다 / 왔지만 더 이상은 숨길 수 없어요.

(4) 지금까지 직장 생활을 잘하다 / 왔는데 왜 갑자기 그만두려고 해요?

2

네, 저는 40년 동안 동양화를 그리다 / 왔습니다.

가: 선생님은 오랫동안 동양화를 그리셨지요?
나: 네, 저는 40년 동안 동양화를 그려 왔습니다.

(1) 어렸을 때는 몰랐는데 점점 자기 아빠를 닮다 / 가는 것 같아요.

아이가 아빠와 비슷하게 생겼어요.

(2) 다 되다 / 가는데 조금이라도 먹고 가라.

엄마, 저 시간이 없어서 밥 안 먹고 그냥 갈래요.

(3) 네, 우리가 힘을 모아 이 어려움을 극복하다 / 갑시다

큰일이네요. 갑자기 동남아 수출이 끊겨서……

(4) 지금까지 살다 / 오면서 어제 같은 일은 처음이었어요.

그 일 때문에 기분이 많이 상하신 것 같아요.

3

이 자리도 괜찮다

가: 좋은 자리는 벌써 표가 다 팔리고 이 자리밖에 없었습니다.
나: 이 자리도 괜찮은데요, 뭘.

(1) 충분할 것 같다

음식이 모자라지 않을까요?

(2) 괜찮습니다. 바쁜 일도 없다

오래 기다리게 해서 죄송합니다.

(3) 네, 생각했던 것보다 힘들지 않다

입사해서 처음으로 야근하는 거지요?

(4) 괜찮아요. 다 끝난 일이다

지난번에 저 때문에 곤란하셨죠? 제가 모르고 그랬습니다.

4

보기: 이 건물이 옛날에는 병원이다
→ 이 건물이 옛날에는 병원이었었어요.

(1) 오전에 어떤 분이 찾아오다
(2) 지난번에 여기에서 사고가 나다
(3) 저는 어제 모임이 있는지 모르다
(4) 작년에 미국 갈 때 비자를 받지 않다

5

보기: 아니요, 옛날에는 살이 찌다
가 : 옛날에도 이렇게 말랐었어요?
나 : 아니요, 옛날에는 살이 쪘었어요.

(1) 네, 뉴욕 근교에서 한 3년 살다
미국에서 산 적이 있어요?

(2) 볼일이 있어서 외출하다
어제 오후에는 뭐 하셨어요?

(3) 제가 어렸을 때는 서울에 전차가 다니다
어렸을 때 서울에서는 어떤 교통수단을 주로 이용했어요?

(4) 결혼했을 때 스무 살도 되지 않다
그분은 일찍 결혼하셨나 봐요.

단어 生词 □ 해 太阳 □ 밝다 明亮 □ 숨기다 藏 □ 동양화 东洋画 □ 극복하다 克服
□ 동남아 东南亚 □ 수출 出口 □ 야근하다 加夜班 □ (살이) 찌다 长(胖) □ 근교 近郊
□ 전차 电车 □ 교통수단 交通工具

1   듣고 맞는 그림을 고르십시오.
   听录音并选出正确的图片。

   ①    ②

   ③    ④

2   듣고 이어지는 말을 고르십시오.
   听后，找出合适的句子，完成对话。

   (1)

   ① 휴대폰을 꺼 놓은 모양이야.
   ② 잊어버리기 전에 꺼 놓게 해야 해.
   ③ 네가 얘기 안 해 주었더라면 잊어버릴 뻔했다.
   ④ 휴대폰을 꺼 놓을 줄 몰랐어.

   (2)

   ① 건강에도 안 좋고 해서 얼마동안 끊었었어요.
   ② 20년 넘도록 피워 온 담배를 끊는다는 게 쉬운 일이 아니잖아요.
   ③ 뉴스에 의하면 공공장소에서는 앞으로 담배를 피울 수 없게 된다고 해요.
   ④ 다른 사람에게 피해를 주지 않게 건물 안에서는 못 피우게 했어요.

(3)

① 일이 끝나자마자 얼른 돌아오라던데요.

② 차를 세워 둘 데가 없다던데요.

③ 주차 문제가 심각하다던데요.

④ 연락처를 써 놓는 걸 깜빡 잊었다던데요.

3 듣고 질문에 대답하십시오.
听后回答问题。

(1) 남자는 왜 전화를 했습니까?

① 진료 예약을 하려고　　　　② 진료 예약을 변경하려고

③ 진료비를 환불 받으려고　　　④ 진료 예약을 취소하려고

(2) 윗글의 내용과 다른 것을 고르십시오.

① 남자는 4월 3일에 병원 예약이 돼 있었다.

② 남자는 얼마 후에 다시 병원에 갈 예정이다.

③ 남자는 내일로 예약을 변경했다.

④ 주민등록번호로 본인 확인을 할 수 있다.

제12과 단기간 쓰시기엔 선불폰이 좋으실 것 같아요

바 투 : 이 친구가 한국에 두세 달 머물 예정인데 이런 경우에는 어떤 휴대폰으로 하는 게 좋은가요?

점 원 : 휴대폰을 임대하거나 선불폰으로 하시거나 하면 되는데 단기간 쓰시기엔 선불폰이 좋으실 것 같아요.

바 투 : 그래요? 선불폰은 어떤 거예요?

점 원 : 한꺼번에 2~3만원 충전해 놓고 쓰는 건데 보증금도 없고 나중에 해지할 때 절차도 간단해요.

바 투 : 그렇군요. 그럼 전화기는 얼마나 해요?

점 원 : 반드시 새 전화기를 안 사셔도 돼요. 그리고 이번 달에 계약하시는 분에 한해서 무료로 드리는 폰도 있어요.

바 투 : 잘됐군요. 그럼 깨끗한 걸로 보여 주세요.

● 단어 生词

- 머물다 逗留
- 단기간 短期
- 보증금 押金
- 간단하다 简单
- 임대하다 租赁
- 한꺼번에 一次性
- 해지하다 解约
- 반드시 一定
- 선불폰 预付费手机
- 충전하다 充值
- 절차 程序
- 계약하다 签约

巴图 : 我这位朋友要在韩国待两三个月，什么样的手机适合他呢？
店员 : 租手机或者使用预付费手机比较好，短期使用的话预付费手机最合适。
巴图 : 是吗？预付费手机是什么样的？
店员 : 一次性缴纳2-3万韩币，不需要押金，以后解约程序也很简单。
巴图 : 哦。这样的手机多少钱呢？
店员 : 没有必要买新手机。正好有为这个月签约的客户提供的免费手机。
巴图 : 太好了。那么拿一个干净的给我看看。

 语法

1 -거나 -거나

→ 表示从二者中选择其一的'-거나'被连续使用时，表示两者中的任何一个都可以。在对于某种动作、状态的肯定或否定中作出选择时，使用'-거나 말거나'。

보기　어려운 일이 생기거나 힘들거나 하면 저한테 말하세요.
　　　有困难或者有烦事，可以跟我说。

　　　사람들이 믿거나 말거나 그는 범인이 아닌 게 확실하다.
　　　不管人们信不信，他确实不是犯人。

　　　그 사람이 오거나 말거나 나하고는 상관없는 일이에요.
　　　那个人来不来与我无关。

2 -기에

→ 用在动词后，是衡量后一行为的标准。

보기 혼자서 먹기에는 많고, 둘이서 먹기에는 적은 양이에요.
是一个人吃的话有点多，两个人吃的话不够吃的量。

젊은 사람이 하기에도 힘든 운동인데 제가 어떻게 해요?
这运动年轻人做起来都很吃力，何况是我？

이 반찬은 오래 두고 먹기에 적당한 것 같아요.
这种小菜适合放着慢慢吃。

* 与 '알다, 듣다, 보다, 느끼다, 생각하다, 추측하다' 等认知或者知觉动词结合在一起时，表示据我所知、听说、看起来、觉得、想、估算等的意思。

보기 제가 알기에 그 사람은 나쁜 말을 할 사람이 아닙니다.
据我所知，那个人不说坏话。

외국인들이 느끼기에는 서울이 어떤 도시입니까?
在外国人看来，首尔是一个什么样的城市？

제가 듣기엔 한국의 전통 악기 중에서 해금 소리가 제일 슬픈 것 같아요.
我觉得韩国的传统乐器中奚琴的声音最伤感。

3 -에 한해서

→ 表示限制、局限。

보기 서울 강북 지역에 한해서 내일 수돗물이 나오지 않습니다.
仅限首尔江北地区，明天停水。

구입한 지 1년이 안 된 상품에 한해서 무상으로 수리해 드립니다.
仅限于购买不到一年的商品，提供免费修理。

중환자실은 보호자에 한해서만 면회가 됩니다.
重症患者室仅限监护人探视。

유형연습 / 句型练习

1

보기

저는 시간이 있을 때는 책을 읽다 / 음악을 듣다 / 합니다.

저는 시간이 있을 때는 책을 읽거나 음악을 듣거나 합니다.

(1) 다른 제품으로 바꾸다 / 환불하다 / 하실 수 있습니다.

(2) 시험 볼 때 감독이 있다 / 없다 / 커닝을 하면 안 됩니다.

(3) 햇빛이 강하니까 외출할 때는 모자를 쓰다 / 선글라스를 끼다 / 하세요.

(4) 그 아이는 다른 사람이 보다 / 말다 / 자기 마음대로 행동해요.

2

보기

게시판에 써 붙이다 / 이메일을 보내다 / 합니다.

가: 회원들에게 공지사항을 어떻게 알립니까?
나: 게시판에 써 붙이거나 이메일을 보내거나 합니다.

(1) 집에서 쉬다 / 놀러 가다 / 합니다.

주말에는 어떻게 지내세요?

(2) 맞아요. 상사가 있다 / 없다 / 하고 싶은 말을 다 해요.

요즘 신입 사원들은 자기 생각을 잘 표현하는 것 같아요.

제12과 단기간 쓰시기엔 선불폰이 좋으실 것 같아요

(3) 네, 약간 어지럽다 / 구토가 나다 / 할 수 있습니다.

이 약을 먹으면 부작용이 있습니까?

(4) 엔진에서 냄새가 나다 / 심한 소리가 나다 / 하면 문제가 있는 겁니다.

어떤 경우에 자동차 엔진에 문제가 있는 거예요?

3

보기

전화를 걸다 / 시간이 너무 이르네요.

전화를 걸기에는 시간이 너무 이르네요.

(1) 걸어서 가다 / 거리가 너무 멀어요.

(2) 두 사람이 살다 / 몇 평 정도가 적당할까요?

(3) 그 오븐은 가정용으로 사용하다 / 너무 커서 불편해요.

(4) 이 책은 초등학생이 읽다 / 한자가 많아서 어렵겠네요.

4

보기

제가 입다 / 좀 짧죠?

가 : 와, 미니스커트를 입으셨군요.
나 : 제가 입기에는 좀 짧죠?

(1) 외국 사람들이 먹다 / 잡채가 좋을 것 같아요.

내일 외국 손님이 집에 오시는데 어떤 음식이 좋아요?

(2) 아이가 올라가다 / 너무 높지 않을까요?

한라산을 제 아들과 같이 등산하려고 하는데요.

(3) 유럽을 다 보다 / 시간이 좀 부족하지 않을까요?

다음 휴가 때 열흘 정도 유럽 여행을 할까 해요.

(4) 나이 드신 분들이 살다 / 공기가 맑은 시골이 더 좋으실 거예요.

우리 부모님이 정년퇴직 후 시골로 이사를 가셨어요.

5

보기

제가 보다 / 두 사람이 잘 어울리는데요.

제가 보기에는 두 사람이 잘 어울리는데요.

(1) 제가 듣다 / 누군가 싸우는 소리 같아요.

(2) 제가 알다 / 그분 취미가 아주 다양하고 독특해요.

(3) 부모님들이 생각하시다 / 요즘 청소년 문제가 심각한 것 같대요.

(4) 외국 사람이 느끼다 / 이 곳 분위기가 좀 이상한가 봐요.

6

보기

짐 무게가 30kg 이하인 경우 / 추가 요금을 내지 않아도 됩니다.

짐 무게가 30kg 이하인 경우에 한해서 추가 요금을 내지 않아도 됩니다.

(1) 공무원과 그 가족 / 30% 할인 가격으로 판매합니다.

(2) 30명 이상 / 단체 할인이 됩니다.

(3) 65세 이상 노인 / 무료승차권을 드립니다.

(4) 우리 미용실에서는 평일 오전 / 요금을 10% 깎아 드립니다.

단어 生词
- 감독 监考人员，监督 - 커닝 作弊 - 게시판 信息栏，布告栏 - 회원 会员 - 공지사항 通知事项
- 약간 稍微 - 어지럽다 晕 - 구토 呕吐 - 부작용 副作用 - 냄새 气味 - 이르다 早
- 한라산 汉拿山 - 맑다 清澈，新鲜 - 정년퇴직 退休 - 독특하다 独特 - 무게 重量
- 이하 以下 - 추가 요금 附加费用 - 단체 团体 - 승차권 车票

활동

한국의 속담

다음은 한국 사람들이 많이 사용하는 속담입니다. 빈칸에 들어갈 알맞은 말을 고르십시오. 그리고 속담의 의미를 찾으십시오.

下面是韩国人常用的俗语。选择正确的答案填空。且找出该俗语的意思。

속담의 의미

㉮ 아무리 좋은 일이라도 배가 불러야 흥이 나지 배가 고프면 아무 일도 할 수 없음.

㉯ 기역자 모양으로 생긴 것을 보고도 기역자를 모름. 아주 무식함.

㉰ 가까이에 있는 물건이나 사람에 대해 오히려 잘 모름.

㉱ 아주 쉬운 일.

㉲ 평소에 흔하던 것도 막상 필요해서 찾으면 구하기 어려움.

㉳ 아무리 마음에 들어도 이용할 수 없거나 차지할 수 없음.

㉴ 아무리 재주가 뛰어나더라도 그보다 더 뛰어난 사람이 있음. 스스로 뽐내는 사람을 경계하는 의미.

㉵ 아무리 익숙하고 잘하는 사람이라도 간혹 실수할 때가 있음.

㉶ 부부는 싸움을 하여도 화합하기 쉬움.

㉷ 아무것도 모르면 오히려 마음이 편하여 좋음.

1.
   _____도 나무에서 떨어질 때가 있다.
   ① 강아지   ② 곰   ③ 원숭이   ④ 다람쥐

2.
   _____도 식후경.
   ① 한강   ② 서울   ③ 남대문   ④ 금강산

3.
   그림의 _____.
   ① 떡   ② 나무   ③ 물감   ④ 과일

4.
   _____ 먹기
   ① 따뜻한 국   ② 시원한 물   ③ 매운 김치   ④ 식은 죽

5.
   _____도 약에 쓰려면 없다.
   ① 돌멩이   ② 개똥   ③ 빗물   ④ 흰 종이

6.
   낫 놓고 _____도 모른다.
   ① 기역자   ② 숫자   ③ 날짜   ④ 시간

7.
   부부 싸움은 칼로 _____.
   ① 물 베기   ② 춤추기   ③ 땀 닦기   ④ 무 썰기

8.
   모르는 게 _____ 이다.
   ① 힘   ② 죄   ③ 약   ④ 밥

9.
   _____ 밑이 어둡다.
   ① 눈   ② 발   ③ 천장   ④ 등잔

10.
> 뛰는 _____ 위에 나는 _____ 있다.

① 놈　　　② 새　　　③ 개　　　④ 말

정답: 1.③ ㉮ 2.④ ㉯ 3.① ㉰ 4.④ ㉱ 5.② ㉲ 6.① ㉳ 7.① ㉴ 8.③ ㉵ 9.④ ㉶ 10.① ㉷

체조 体操

달리기	던지기	받기
가슴 펴기	허리 돌리기	윗몸 일으키기
팔굽혀펴기	매달리기	줄넘기

제12과 단기간 쓰시기엔 선불폰이 좋으실 것 같아요

제13과 우리나라가 1, 2인 가족 중심으로 변해 간대요

동　　료: 아침에 신문기사를 보니까 우리나라가 1, 2인 가족 중심으로 변해 간대요. 평균 가족 수가 겨우 2명 정도밖에 안 된다는군요.

한 부장: 그래요? 얼마 전까지는 4인 가족이 제일 많다고 들었는데.

동　　료: 제 주위에도 결혼하지 않고 혼자 살거나 결혼을 해도 아이 없이 부부끼리만 사는 사람들이 많더라고요.

한 부장: 맞아요. 요즘 젊은 사람들은 결혼이나 출산은 선택이지 누구나 무조건 해야 하는 건 아니라고 생각하는 듯해요.

동　　료: 그렇게 되면 편하고 자유롭게 살 수는 있겠지만 여러 가지 문제가 생길 것 같은데…….

한 부장: 아이를 낳지 않으면 인구가 줄어들고 점점 더 개인주의적인 사회가 되지 않을까요?

● 단어 生词

- 중심 以……为主
- 출산 生孩子
- 무조건 必须
- 인구 人口
- 개인주의적 个人主义
- 평균 平均
- 선택 选择
- 자유롭다 自由
- 줄어들다 减少
- 겨우 勉强
- 누구나 谁都
- 낳다 生

同事 ： 早上看报纸上说，我国正逐步转变为以一两口家庭结构为主的国家，平均家庭人口不超过俩人。

韩部长 ： 是吗？不久前还听说四口之家最多呢。

同事 ： 我周围也有很多不结婚或者即使结了婚也不要孩子的人群。

韩部长 ： 对。好像现在的年轻人都把结婚和要孩子作为一种可选择的事儿，而不是必须要做的事儿。

同事 ： 那样的话，虽然会过得舒服自由，但是会带来很多问题。

韩部长 ： 不生孩子的话，人口会下降，会不会慢慢形成个人主义社会啊？

语法

1 -더라

→ 是说话者亲身经历或回想曾经发生过的事情时使用的终结词尾。用于疑问句时，表示说话者对不太确定的过去自言自语或者自问。敬语为 '-더라고요'。

보기 그 사람은 아무 말 없이 듣기만 하더라.　那个人不说话只是听来着。

직장 생활이 생각처럼 쉽지가 않더라고요.　职场生活并没有想象得那么容易。

그 일이 있었던 게 언제더라?　那是什么时候的事情来着？

2 -지

→ 用于谓词词后干,为了强调或者判定前半句的内容,列出与前半句相反或者可比较的后半句内容。

보기 고래는 동물이지 물고기가 아닙니다.　鲸鱼是动物而不是鱼类。

그 사람은 성격만 좋지 일은 잘하지 못해요.
那人只是性格好,工作能力不行。

이번 일은 같이 했지 저 혼자서 계획한 게 아니잖아요?
这件事是一起做的,不是我一个人策划的。

3 -(으)ㄴ 듯하다

→ 动词、形容词修饰语'-(으)ㄴ/는/(으)ㄹ'和'듯하다'相结合,表示说话者的推测。'-(으)ㄴ 듯싶다'也表示同样的意思。

보기 어디서 한 번 만난 듯한데 혹시 저를 모르시겠어요?
好像在哪儿见过似的,您不认识我吗?

친구가 내 눈치만 보는 걸 보니 나한테 숨기는 게 있는 듯싶어요.
朋友一直在看我的脸色,好像对我隐瞒了什么似的。

부장님이 금방 폭발할 듯한 표정이니까 조심하세요.
部长好像马上就要发火了,小心点儿。

유형 연습

1

보기

정말 경치가 멋있다

가: 제주도에 가 보니까 어때?
나: 정말 경치가 멋있더라.

내가 그 서류를 어디에 뒀다

가: 제가 어제 드린 서류 좀 빨리 주세요.
나: 내가 그 서류를 어디에 뒀더라?

(1) 가르칠 게 별로 없을 정도로 꽤 잘하다

새로 온 학생은 실력이 어때요?

(2) 아니야, 이야기를 해 보니까 굉장히 재미있고 부드러운 사람이다

그 사람 인상이 날카로워 보이던데.

(3) 맞아. 지난번에도 보니까 다른 사람 말은 듣지 않다

영수 씨는 너무나 자기 뜻대로만 하려고 해.

(4) 아 참, 그런데 내가 어디까지 얘기했다

아까 하시던 얘기 계속 하시죠.

2

보기

키만 크다 / 운동은 잘 못해요.

키만 크지 운동은 잘 못해요.

(1) 주말에만 복잡하다 / 평일에는 한산해요.

(2) 여기는 회사 사무실이다 / 집이 아니에요.

(3) 하나만 알다 / 둘은 몰라요.

(4) 주민 등록증만 필요하다 / 도장은 없어도 됩니다.

3

보기

좀 피곤해서 그렇다
/ 특별한 병이 있는 게 아니에요.

가 : 요즘 얼굴색이 안 좋은데 어디 아픈 거 아니에요?
나 : 좀 피곤해서 그렇지 특별한 병이 있는 게 아니에요.

(1) 아니요, 비싸기만 하다
/ 질은 별로 좋지 않아요.

이건 수입품이니까 질이 좋겠죠?

(2) 아니요, 그냥 학교 후배이다
/ 특별한 관계는 아니에요.

자주 통화하는 것 같은데 사귀는 사람이에요?

(3) 이 면허증은 국내에서만 되다
/ 외국에서는 쓸 수 없어요.

이 면허증으로 외국에서 운전할 수 있을까요?

(4) 저도 소문으로만 들었다 / 잘 몰라요.

그 소문에 대해서 잘 알면 이야기해 주세요.

4

이 텔레비전이 고장이 났다

이 텔레비전이 고장이 난 듯해요.

블라우스가 좀 작다 / 그래서 살까 말까 고민하고 있어요.

블라우스가 좀 작은 듯해서 살까 말까 고민하고 있어요.

(1) 영준이가 열심히 공부하려고 결심했다

(2) 은주 씨가 말은 안 하지만 무슨 걱정이 있다

(3) 내일 이 기사가 나가면 문제가 좀 생기겠다

(4) 환승하려면 시간이 걸리겠다 / 그러니까 조금 일찍 출발합시다.

5

잘 모르겠지만 뭔가 배우러 다니다

가 : 홍식이는 밤마다 어딜 가는 거야?
나 : 잘 모르겠지만 뭔가 배우러 다니는 듯해요.

(1) 열심히 치료를 받으셔서 많이 나으셨다

어머니 건강은 어떠세요?

(2) 환자 상태가 워낙 나빠서 수술 결과가 좋지 않았다

307호 환자 수술 결과가 어때요?

(3) 아니요, 물어보지는 않았지만 잘 돼 가다

지난번에 선 본 사람과 잘 되고 있는지 따님한테 물어 보셨어요?

(4) 분명히 무슨 일이 생겼다 / 그런데 말을 안 하니 알 수가 없어요.

그렇게 수다스럽던 사람이 요즘은 왜 이렇게 조용하지?

단어 生词	실력 实力　날카롭다 不好接触　뜻대로 随意　주민 등록증 身份证　수입품 进口商品
	면허증 执照　소문 传闻　결심하다 决心　환승하다 换乘　(선) 보다 相亲
	분명히 显然　수다스럽다 絮叨

돌림자를 사용해요

강 부장 : 크리스 씨, 어서 와요.

크리스 : 안녕하세요? 이렇게 초대해 주셔서 감사합니다. 이거 별 거 아닌데…….

강 부장 : 그냥 와도 되는데 뭐 이런 것까지 사 왔어요? 참 우리 가족들 소개할게요. 이 사람은 우리 집사람이고요. 장남 영준이, 둘째 영인이, 막내 영서예요.

크리스 : 만나서 반갑습니다. 저는 크리스라고 합니다. 그런데 영준이, 영인이, 영서, 아이들 이름이 아주 비슷하네요.

강 부장 : 아! 한국에서는 이름을 지을 때 '돌림자'를 넣어 짓는데 우리 아이들은 '영'자가 돌림자여서 그래요.

크리스 : 그렇군요. 이름 짓는 법까지 있는 줄은 몰랐어요. 그렇지 않아도 저도 한국 이름 하나 지으려던 참이었는데 하나 지어 주시겠어요? 저도 '영'자를 돌림자로 쓰고 싶은데…….

강 부장 : 하하하. 아들이 하나 더 있으면 지어 주려고 했던 이름이 있기는 한데, '영우' 어때요? 마음에 안 들어요?

크리스 : 마음에 안 들기는요. '영우, 영우' 발음하기도 쉽고 느낌도 좋은데요. 좋은 이름 지어 주셔서 감사합니다.

제13과 우리나라가 1, 2인 가족 중심으로 변해 간대요

1   강 부장님의 아이들 이름이 비슷한 이유는 무엇입니까?

2   여러분은 한국 이름이 있습니까? 한국 이름을 짓는다면 뭐라고 짓고 싶습니까?

3   여러분 나라에서는 이름을 지을 때 지키는 관습이나 방법이 있습니까?

단어 生词

- 돌림자 辈分用字
- 막내 老小
- 별 特别的
- 느낌 感觉
- 장남 长子

한국의 속담 韩国的俗语

속담의 뜻으로 적당한 것을 골라 (   ) 안에 쓰십시오.
选择适当的俗语填写在括号内。

1. 백지장도 맞들면 낫다.   (   )
2. 개구리 올챙이 적 생각 못 한다.   (   )
3. 낮말은 새가 듣고 밤말은 쥐가 듣는다. (   )
4. 남의 떡이 커 보인다.   (   )
5. 가는 말이 고와야 오는 말이 곱다.   (   )
6. 윗물이 맑아야 아랫물이 맑다.   (   )
7. 백 번 듣는 것보다 한 번 보는 것이 낫다. (   )
8. 하늘이 무너져도 솟아날 구멍이 있다.   (   )

㉮ 소문이 나기 쉬우니까 말조심해야 한다.

㉯ 윗사람이 모범을 보여야 아랫사람도 본받아서 좋은 행동을 한다.

㉰ 지금은 잘하지만 과거에 못 했을 때를 기억 못 하고 자만한다.

㉱ 아무리 나쁜 상황이라도 희망은 있는 법이다.

㉲ 먼저 상대방에게 고운 말로 해야 상대방도 고운 말을 한다.

㉳ 모든 일은 서로 힘을 모아서 하면 훨씬 쉽게 할 수 있다.

㉴ 간접적으로 경험하는 것보다 직접 경험하는 것이 훨씬 효과적이다.

㉵ 무엇이든지 자기 것보다 남의 것이 더 좋아 보인다.

1.㉳ 2.㉰ 3.㉮ 4.㉵ 5.㉲ 6.㉯ 7.㉴ 8.㉱

제14과 제대로 하려면 아직 멀었어요

🔊 14-01

바 투 : 타잉 씨, 요리 솜씨도 좋아지시고 한국말도 이제 잘 하시네요.

타 잉 : 잘하기는요. 제대로 하려면 아직 멀었어요.

바 투 : 아이들이 그 사이에 많이 컸네요. 한국말도 잘하고 얼굴도 귀엽고 마치 인형같이 예뻐요.
그런데 베트남 말이나 문화는 안 가르치시나요?

타 잉 : 아이들에게 기본적인 것이라도 가르치려고 하는데 잘 안 돼요. 아이들 키우는 게 보람이 있으면서도 어려운 일인 것 같아요.

바 투 : 문화가 달라서 힘들었을 텐데 남편과 생각은 잘 맞았어요?

타 잉 : 웬걸요. 생각이 달라서 싸운 적도 많았는걸요. 그렇지만 문화가 다르기 때문에 좋은 점도 있어요.

* '타잉'은 베트남 출신의 주부로 한국 남자와 결혼해서 두 아이를 낳고 한국에서 살아가고 있다.

◉ 단어 生词

□ 솜씨 手艺（厨艺）　　□ 마치 好像　　□ 기본적 基本的
□ 키우다 养育　　□ 보람 价值　　□ 싸우다 吵架

巴图 : 泰英，你的厨艺进步了不少，现在连韩语说得也很好了。
泰英 : 哪有，还差远呢。
巴图 : 一段时间没见，孩子们都长大了啊。 韩语说得不错，长得也很可爱，像玩具娃娃一样漂亮。但是不教他们越南语和文化吗？
泰英 : 想教他们最基本的东西也不容易办到。 养育孩子很有意义，但是真不是一件易事。
巴图 : 因文化不同，想必你受了很多苦。平时与丈夫合得来吗？
泰英 : 怎么会。因想法不一致，吵过好几次架。但是有文化差异也有好处。

＊ 泰英是嫁给韩国人的越南主妇，有两个孩子，生活在韩国。

 语法

1 -(으)려면 멀었다

→ '멀었다' 表示"还差得远"。 主要用于'-(으)려면'后，表示离某种情况或者动作完了或者达到某种程度还需要很长时间，或者那种程度还远远没有达到。

보기　크리스마스까지는 멀었는데 벌써 무슨 준비를 해요?
　　　离圣诞节还很远呢，干嘛这么早准备？

　　　초보 운전인데 운전에 익숙해지려면 아직도 멀었습니다.
　　　我刚学会开车，离熟练驾驶还很远呢。

　　　저는 20살이 넘었지만 부모님 마음을 이해하려면 아직 먼 것 같습니다.
　　　我虽然已经20多岁了，但是要说完全理解父母的苦心，还差得很远。

제14과　제대로 하려면 아직 멀었어요　125

2 -(으)면서도

↳ 用于谓词词干后，表示具有对立关系的事物或状态同时存在。前后主语应一致，助词'도'可以省略。

보기 졸업하려니까 시원하면서 한편으로는 섭섭해요.
要毕业了，真是又舒服又舍不得。

별로 잘하는 것도 없으면서 잘난 척합니다.
什么都不在行，却装作在行。

지난 시간에 배웠으면서도 처음이라고 말한다.
上节课学过，却说是第一次学。

3 -(으)ㄴ걸요

↳ 终结词尾。用于谓词词干后，表示听话者对说话者所说的实事给予否定。谓词为动词时用'-는걸요'，过去时用'-았/었는걸요'。

보기 가 : 운전을 잘하시는군요. 你车开得不错。

나 : 아직 초보 운전인걸요. 还是新手呢。

가 : 옷이 아주 좋아 보여요. 衣服看上去很好。

나 : 시장에서 샀는걸요. 在市场上买的。

가 : 엄마가 키가 크니까 아이들도 크겠네요.
妈妈个子高，孩子也会个子高。

나 : 딸애는 별로 크지 않은걸요. 女儿并不高。

1

보기

페인트칠이 다 마르다

페인트칠이 다 마르려면 아직 멀었어요.

(1) 한국 사람처럼 한국말을 잘하다

(2) 그동안 밀린 집안일을 끝내다

(3) 소설을 1권부터 10권까지 다 읽다

(4) 그 아이가 사회생활이 얼마나 어려운 것인지 알다

2

보기

그 많은 태권도 기술을 다 익히다

가 : 태권도 배운 지 몇 달 됐으니까 이제 잘하시죠?
나 : 그 많은 태권도 기술을 다 익히려면 아직 멀었어요.

(1) 끝나기는요. 다 정리하다

서류 정리는 대충 끝났습니까?

(2) 엊그제 시작했으니까 완성되다

지금 하고 계신 작품이 완성되는 것을 빨리 보고 싶은데요.

(3) 오늘 저녁은 삼계탕인데 다 되다

여보, 좋은 냄새가 나는데 저녁 다 됐어요?

(4) 사과가 빨갛게 익다

언제쯤 사과가 빨개지죠?

3

크다 / 무겁지 않은 가방을 사고 싶은데요.

크면서도 무겁지 않은 가방을 사고 싶은데요.

(1) 그 사람은 똑똑하다 / 가끔 바보같이 행동해요.

(2) 알다 / 모른다고 말했어요.

(3) 그 사람이 나를 봤다 / 인사하지 않았어요.

(4) 조 과장님은 별로 말을 하지 않다 / 아랫사람에게 일을 잘 시켜요.

4

이건 새 모델이다
/ 가격은 저렴하니까 한번 보세요.

가: 에어컨을 사려고 하는데 새 모델은 비싸지요?
나: 이건 새 모델이면서도 가격은 저렴하니까 한번 보세요.

(1) 좋다 / 부담스러워요.

승진하셔서 좋으시겠어요.

(2) 돈이 없다
/ 언제나 한턱내겠다고 큰소리쳐요.

저 사람 오늘 돈이 없을 텐데 술을 사겠다고 하네요.

(3) 생각 날 것 같다 / 생각이 안 나네요.

지난번에 본 영화 주인공 이름이 뭐지요?

(4) 미안해요. 들었다 / 잊어버렸어요.

오늘 약속에 대해서 못 들으셨어요?

5

보기

제 입에는 맞다

가 : 이 김치가 좀 짜지 않아요?
나 : 제 입에는 맞는걸요.

(1) 거기는 집값이 비싸다

회사 근처로 집을 옮기는 게 어때요?

(2) 파리만 날리다

요즘 장사는 잘 되시죠?

(3) 이제 병이 다 나았다

아프다고 들었는데 좀 어떠세요?

(4) 아직 시작도 하지 않았다

그 일을 다 끝내셨어요?

단어 生词　□ 칠 油漆　□ 밀리다 堆积　□ 사회생활 社会状况　□ 익히다 (技术)熟　□ 엊그제 前天
□ 완성되다 完成　□ 작품 作品　□ 익다 (食物)熟　□ 저렴하다 低廉　□ 부담스럽다 有负担
□ 한턱내다 请客　□ 큰소리치다 吹牛　□ 짜다 咸　□ 파리(를) 날리다 苍蝇飞 (比喻没有客人)

1. 듣고 내용과 맞지 않는 그림을 고르십시오.
   听后选择与内容不符的图片。

2. 듣고 무엇에 대한 내용인지 맞는 것을 고르십시오.
   听后选择正确答案。

   (1)
   ① 아이를 맡기지 못하는 이유
   ② 직장 생활이 힘든 이유
   ③ 아이를 낳지 않으려는 이유
   ④ 직장을 그만두어야 하는 이유

   (2)
   ① 결혼의 단점
   ② 독신의 증가
   ③ 인생의 즐거움
   ④ 여성 직장인의 감소

3 듣고 질문에 대답하십시오. 14-09

听后回答问题。

(1) 내용과 맞는 것을 고르십시오.

① 이 가족은 부산에 살다가 최근에 서울로 이사했다.
② 남편은 서울에서 다른 가족은 부산에서 살고 있다.
③ 아내의 건강이 요즘 나빠진 듯하다.
④ 아내는 현재 직장에 다니고 있다.

(2) 아내는 요즘 어떤 생각을 하고 있습니까?

① 가족은 모여서 같이 살아야 한다.
② 어렵더라도 주말 부부를 해야 한다.
③ 주말 부부 생활이 익숙해지려면 아직 멀었다.
④ 아이 학교 문제 때문에 이사는 무리이다.

제15과 요즘 연상연하 커플이 얼마나 많은데요

혜　정: 남자 친구가 결혼하자고 하는데 아직껏 부모님께 말씀을 못 드렸어요. 제 마음도 완전히 결정하지 못했고요.

다니엘: 왜요? 혜정 씨 남자 친구처럼 성격도 좋고 괜찮은 신랑감도 없을 것 같은데…….

혜　정: 제 남자 친구가 저보다 5살 연하잖아요. 청혼을 받으니까 좋으면서도 걱정이 앞서요.

다니엘: 저는 그렇게까지 나이 차이가 많이 나는 줄 몰랐어요. 그래도 그런 것 때문에 헤어진다면 후회하게 되지 않을까요?

혜　정: 결혼은 연애하고는 다르지 않아요? 결혼을 생각하니까 온갖 일들이 다 걱정이 돼요.

다니엘: 혜정 씨 같은 사람이 그런 생각을 한다니 뜻밖인데요. 요즘 연상 연하 커플이 얼마나 많은데요. 다 마음먹기에 달린 거예요.

● 단어 生词

- 아직껏 迄今
- 앞서다 先，提前
- 온갖 各种各样
- 신랑감 预备新郎
- 차이 差异
- 연상연하 커플 姐弟恋
- 청혼 求婚
- 후회하다 后悔
- 마음먹다 下决心

蕙晶 ： 男朋友求婚了，可是我还没有和父母说呢。我也还没有完全决定。

丹尼尔： 为什么？像你男朋友那样性格好的预备新郎好像不多啊。

蕙晶 ： 我男朋友比我小五岁。他求婚我很高兴，但是也很担心。

丹尼尔： 我不知道你们年纪差那么多。因为这个分手的话，说不定以后会后悔。

蕙晶 ： 结婚和恋爱不一样嘛。谈到结婚就开始担心各种各样的事情了。

丹尼尔： 没想到像你这样的人还有这样的想法。最近姐弟恋很多。都取决于决心。

 语法

1 -다니

→ 是间接引语 '-다고 하다'(参考中级1第2课语法)和表示理由的连接语尾 '-(으)니까'(参考初级2第5课语法)的结合体 '-다고 하니까'的缩略形。用于说话者对所听到的事实的感受或判断时，前半句作为引用，后半句表示感受和判断，常省略 '까'。并根据间接引用的类型分为 '-(이)라니, -(느)ㄴ다니, -자니' 等格式。

보기　수잔 씨가 4개 국어를 한다니 부럽군요.
　　　听说秀展会四种语言，真羡慕。

　　　그 멋진 남자가 만나자니 꿈만 같아요.　那个帅哥约我，我像做梦一样。

내일까지 이 일을 끝마치라니 너무합니다.
这件事要明天做完,太过分了。

2 -에 달려 있다

→ 表示某事或某状态依存或受影响于某事。

보기 일의 성패는 네 손에 달려 있다.   成败在于你。

　　　 성공은 노력 여하에 달려 있다.   成功在于努力。

　　　 모든 것은 생각하기에 달려 있다.   所有事情取决于想法。

유형연습

句型练习

1

보기

이 아기 / 귀여운 애는 처음 봤어요.

이 아기처럼 귀여운 애는 처음 봤어요.

(1) 최근에 오늘 / 맑은 날은 없었던 것 같아요.

(2) 김창민 씨 / 저를 진심으로 걱정해 주고 도와준 사람은 없었어요.

(3) 한국 사람들 / 다른 사람에게 관심이 많은 사람들은 없을 거예요.

(4) 스마트폰 / 편리한 게 있을까요?

2

보기

그날 / 배 터지게 잘 먹은 적은 없었을 거예요.

가 : 한국 친구 집에 가서 대접 잘 받았어요?
나 : 그날처럼 배 터지게 잘 먹은 적은 없었을 거예요.

(1) 제 방 / 편안하고 아늑한 곳은 없어요.

스티브 씨는 하루 종일 방에만 있네요.

(2) 그 영화 / 무서운 영화는 처음이에요.

어제 본 영화 어땠어요?

(3) 저 애 / 깜찍하고 연기도 잘하는 아역 배우는 없는 것 같아요.

저 아역 배우 연기 참 잘하죠?

(4) 인류에게 환경문제 / 중요한 문제는 없다는 생각이 들어요.

저 다큐멘터리를 보니까 환경문제가 정말 심각한 것 같네요.

3

보기

이게 300만 원짜리이다 / 정말이에요?

이게 300만 원짜리라니 정말이에요?

(1) 신입 사원들이 모두 똑똑하다 / 벌써 기대가 됩니다.

(2) 그렇게 여러 가지 일을 해야 하다 / 힘들겠네요.

(3) 그 환자가 회복됐다 / 다행입니다.

(4) 그 사람이 나를 믿지 못하다 / 유감스럽네요.

4

집이 그렇게 크다 / 부럽군요.

가 : 한지영 씨 집에 가 봤는데 집이 100평쯤 될 거예요.
나 : 집이 그렇게 크다니 부럽군요.

(1) 건강하던 분이 간암이다 / 믿을 수가 없어요.

인사부 임 부장님이 간암에 걸리셨대요.

(2) 한국을 떠나시다 / 섭섭하네요.

다음 달에 일본으로 돌아가게 됐어요.

(3) 승진하셨다 / 축하합니다.

제가 이번에 부장으로 승진했어요.

(4) 그렇게 비가 오지 않다 / 걱정이네요.

요즘 남부 지방에는 한 달 이상 비가 오지 않는대요.

5

보기

해외 영업부

이제 우리 회사의 운명은 해외 영업부

가: 우리가 이렇게 큰일을 맡게 되니까 어깨가 무거운데요.
나: 이제 우리 회사의 운명은 해외 영업부에 달려 있습니다.

(1) 두 팀이 실력이 비슷하니까 승부는 선수들의 정신력

이번 경기에서 가장 중요한 변수는 뭐라고 생각하십니까?

(2) 질서를 지키고 안 지키고는 시민들의 의식

교통질서를 바로잡기 위해서 어떻게 해야 할까요?

(3) 수술 여부는 환자 상태
/ 그런데 지금은 상태가 나빠서 뭐라고 말씀드리기가 어렵습니다.

언제쯤 수술이 가능할까요?

(4) 무슨 일이든지 마음먹기
/ 그러니까 비관적으로만 생각하지 마.

너무 힘들어서 다 그만두고 싶어.

단어 生词
□ 대접 招待 □ 아늑하다 幽静 □ 깜찍하다 小巧玲珑 □ 아역 배우 童星 □ 인류 人类
□ 유감스럽다 遗憾 □ 부럽다 羡慕 □ 간암 肝癌 □ 인사부 人事部 □ 운명 命运 □ 영업부 营业部
□ (어깨가) 무겁다 (负担) 重 □ 승부 胜负 □ 정신력 精神力 □ 변수 变数 □ 질서 秩序
□ 시민 市民 □ 의식 意识 □ 바로잡다 扶正 □ 여부 与否 □ 비관적 悲观的

활동

재미로 하는 심리 테스트

Ⅰ. 다음 상자 안에 연상되는 그림을 그리십시오.

请画出脑海里的6幅画。

①
②
③
④
⑤
⑥

Ⅱ. 질문에 대답하십시오.

回答问题。

(1) 배를 타고 가다가 작은 섬에 도착했는데 거기에서 집 한 채를 발견합니다. 그 쪽으로 가다 혹시 집에 사람이 있을지도 몰라서 꽃을 가져 가려는데 옆에 장미꽃이 피어 있습니다.
 ① 한 송이만 가져 가시겠습니까?
 ② 꽃다발을 만들어 가겠습니까?

(2) 집에 들어가려는데 문이 있습니다.
① 밀어서 여는 문입니까?
② 잡아당겨서 여는 문입니까?

(3) 집에 들어갔는데 사람이 없습니다. 2층집이었는데 2층에 올라가려니까 옆에 열쇠가 있습니다.
① 열쇠를 가지고 가시겠습니까?
② 놔두고 가시겠습니까?

(4) 2층에 큰 방이 있는데 방에 창문이 있고 TV, 침대, 책상이 있습니다. 창문, 텔레비전, 침대, 책상 4가지를 먼저본다면 어떤 순서로 먼저 보시겠습니까?

(5) 창문에 가서 밖을 보았는데 어떤 사람이 이쪽으로 걸어오고 있습니다. 그 사람은 남자일까요? 여자일까요? 그리고 나이는 몇 살쯤일 것 같습니까?

해설

1. ① 자기가 생각하는 자신의 모습
   ② 다른 사람이 생각하는 자신의 모습
   ③ 인생에 대한 자세
   ④ 운동에 대한 자세 ⑤ 가족에 대한 정도
   ⑤ 가족에 대한 정도 ⑥ 자신의 매력
   ⑦ 등등은 호기심 많은 타입입니다.

II. (1) ① 밝은 사람입니다.
   ② 사람이 많지 않은 곳을 좋아하는 사람입니다.
   (2) ① 사람이 먼저 다가오기 쉬운 사람입니다.
   ② 사람에게 있는 듯 없는 듯한 사람입니다.
   (3) ① 마음 속에 있어 쉽게 잊지 않는 사람입니다. ② 쉽게 잊을 수 있지만 잊는 것도 쉬운 사람입니다.
   (4) 창문(사랑), 텔레비전(인기), 침대(결혼생활), 책상(취미)
   (5) 자신의 장차 연인상을 말합니다.

제15과   요즘 연상연하 커플이 얼마나 많은데요   139

제16과 어버이날인데 선물 준비하셨어요?

이 대리 : 다음 주가 어버이날인데 선물 준비하셨어요?
혜 정 : 선물로 뭘 살까 생각하다가 어머니 모시고 여행가기로 했어요. 아버지가 돌아가신 후로는 어머니가 아닌 척하셔도 많이 외로워하세요. 이 대리님은요?
이 대리 : 저는 해외 출장으로 당분간 찾아뵙기가 어려워서 이번엔 작은 선물을 보내 드리려고요. 그런데 뭘 사면 좋을지 모르겠어요.
혜 정 : 괜히 고민하지 말고 필요하신 거 알아서 사시게 상품권 같은 것 보내 드리는 건 어때요?
이 대리 : 그건 왠지 정성이 없어 보이는 것 같고, 아무거나 보낼 수도 없고…….
혜 정 : 저는 이 대리님이 부럽네요. 부모님이 다 살아 계셔서. 살아 계실 때 잘해 드리세요.

○ 단어 生词

□ 어버이날 父母节　　□ 모시다 侍奉　　□ 외롭다 孤独
□ 당분간 短时间内　　□ 찾아뵙다 拜访　　□ 괜히 白白
□ 상품권 商品券　　　□ 정성 真诚　　　　□ 부럽다 羡慕

李代理： 下周就是父母节了，礼物准备好了吗？

蕙晶： 一直考虑买什么好呢，后来决定带妈妈去旅行。爸爸去世后，妈妈虽然没有表现出来，但是我知道她很孤单。李代理，你呢？

李代理： 因为我要去国外出差，短时间内不能去看望我父母，所以这次想送他们一个小礼物。但是买什么好呢？

蕙晶： 不用烦恼，干脆给父母一些商品券，让他们看着买自己需要的东西怎么样？

李代理： 那样，好像没有诚意似的，也不能随便送……

蕙晶： 李代理父母双全，真让人羡慕，父母健在的时候，要好好孝顺。

语法

1 -(으)ㄴ 척하다

→ 表示"装模作样"的不完全名词'척'用于动词定语形词尾'-(으)ㄴ/는'之后，构成'-(으)ㄴ 척하다'格式，表示装作。即表现出一种与实际情况相反的样子。'척하다'也可以说成'체하다'。

보기　그 사람은 다른 사람들 앞에서 언제나 똑똑한 척해요.
　　　那人在别人面前永远装作很聪明。

　　　잘 모르면 아는 체하지 말고 언제든지 물어 보세요.
　　　不懂不要装懂，请随时提问。

　　　텔레비전을 볼 때 엄마가 심부름 시키는 소리를 듣고도 못 들은 척했어요.
　　　看电视的时候，即使听到妈妈让我去跑腿儿，也假装没听到。

2 -(으)로

↳ 用于名词后，表示原因、理由，但不能与表示人和动物的名词搭配。主要用于事故、疫病、问题等。

보기 내일은 북태평양 고기압의 영향으로 전국이 맑겠습니다.
受北太平洋高气压的影响，明天全国天气晴好。

병으로 죽는 사람보다 사고나 전쟁으로 죽는 사람이 더 많다고 해요.
听说死于事故或战争的人，比患病死的人要多。

한 군인의 실수로 전쟁이 시작되었습니다. 一个军人的失误，引发了战争。

3 아무 -(이)나

↳ 表示无论哪个或哪种情况都无所谓。'-나'前面也可以出现其他的助词。如'-나'前面是表示人物的名词，则多省略名词，直接使用'아무나'，'아무한테나'。

보기 저는 시간이 많으니까 아무 때나 놀러 오셔도 돼요.
我有的是时间，随时都可以来玩。

그 사람은 아무 데서나 노래를 불러요. 那个人在任何地方都唱歌。

자기보다 어려도 아무한테나 반말을 쓰면 안 돼요.
即使对方年龄比自己小，但是也不能随便用非敬语跟对方讲话。

유형 연습

句型练习

1

보기

그 사람은 부자가 아닌데도 부자이다 / 해요.

그 사람은 부자가 아닌데도 부자인 척해요.

어렸을 때 학교에 가기 싫어서 아프다 / 했어요.

어렸을 때 학교에 가기 싫어서 아픈 척했어요.

(1) 석진 씨는 사람들하고 이야기할 때 어려운 단어를 쓰면서 유식하다 / 해요.

(2) 수철 씨는 언제나 여자들 앞에서 결혼하지 않았다 / 해요.

(3) 어제 아내가 만든 음식이 맛이 없는데 맛있다 / 했어요.

(4) 7살 때 산타클로스가 가짜라는 걸 알았지만 모르다 / 했어요.

2

보기

아니요, 무서워서 자다 / 했어요.

가 : 어제 도둑이 들어온 걸 몰랐어요?
나 : 아니요, 무서워서 자는 척했어요.

제16과　어버이날인데 선물 준비하셨어요?　143

(1) 아니에요. 사장님 앞에서만 열심히 하다 / 해요.

최 과장님은 정말 성실한 분 같아요.

(2) 남자 친구가 있다 / 하면 돼요.

마음에 안 드는 사람이 만나자고 하면 어떻게 해요?

(3) 귀찮아서 바쁘다 / 했어요.

친구 부탁을 왜 안 들어 주셨어요?

(4) 사람들이 보고 있어서 아프지 않다 / 했어요.

아까 넘어졌을 때 아프지 않았어요?

3

전기히터의 과열 / 불이 난 것 같습니다.

가 : 이번 화재의 원인이 뭔가요?
나 : 전기히터의 과열로 불이 난 것 같습니다.

(1) 지난번 가뭄
/ 남부 지방은 피해가 많습니다.

올해의 추수 상황은 어떻습니까?

(2) 성격 차이 / 이혼을 하게 됐대요.

윤소미 씨는 왜 이혼을 한 거예요?

(3) 기름값 인상
/ 아마 다른 물가도 인상될 겁니다.

금년 안에 다시 물가가 오를까요?

(4) 네, 과로 / 그렇게 되셨다고 해요.

인사부의 정 과장님이 쓰러지셨다는 소식 들었어요?

4

아직 병이 낫지 않았으니까
/ 음식 / 먹으면 안 됩니다.

아직 병이 낫지 않았으니까
아무 음식이나 먹으면 안 됩니다.

(1) 저는 괜찮으니까 / 때 / 편한 시간에 오세요.

(2) 어른들 앞에서는 / 말 / 하면 안 돼요.

(3) 먼 데 가지 말고 이 근처에서 / 데 / 갑시다.

(4) 볼펜이 없으면 / 것으로 / 쓰세요.

5

보기

미숙 씨는 얼굴이 예뻐서
/ 색 / 잘 어울려요.

가 : 둘 중에서 어느 색 옷이 더 잘 어울리는 것 같아요?
나 : 미숙 씨는 얼굴이 예뻐서 아무 색이나 잘 어울려요.

(1) 장미가 없으면 / 꽃 / 사 오세요.

장미가 없는데 어떻게 하죠?

(2) 쉬운 걸로 / 노래 / 해 보세요.

저는 한국 노래는 잘 모르는데…….

(3) 면접시험 보러 가는데 / 옷
 / 입고 갈 수는 없잖아요.

새로 산 옷인가 봐요.

(4) 첫아이인데 / 이름
 / 지을 수 없어서 고민하고 있어요.

아이가 태어난 지 3주일이 되었는데, 아직도 이름을 안 지었어요?

단어 生词   □유식하다 有知识 □귀찮다 麻烦 □과열 过热 □가뭄 干旱 □추수 秋收 □첫아이 第一个孩子

남편의 휴대 전화 속 당신 이름은?

테니스장 탈의실에서 옷을 갈아입는데 마흔 중반의 후배가 두고 간 휴대 전화가 삐리리 울린다. 슬쩍 화면을 보니, '우리 자기'라고 찍혀 있다. 그걸 보고 웃고 있는데 마침 후배가 와서 나는 "아직도 신혼이구나. 우리 자기가 뭐냐, 크흐흐흐." 하고 놀렸다. 그러자 후배가 발끈하며 물었다. "자기한테 자기라고 하지 뭐라고 해요? 그럼 형님은 휴대 전화에 형수님을 뭐라고 저장해 놨는데요?" "나? 집사람이지, 뭐."라고 말하고 나니 왠지 내가 더 바보가 된 것 같은 기분이 들었다.

그렇다면 다른 사람들은 배우자나 연인을 뭐라고 부를까? 갑자기 궁금증이 생겨 트위터를 통해 설문조사를 해 봤다. 결과는 딱 두 파로 나뉘었다. 아내의 이름을 '집, 집사람, ○○ 엄마, 김○○(실제 이름), 마누라' 등으로 쓴다는 나와 비슷한 부류가 거의 절반. '나의 여신님, 중전 마마, 소울 메이트' 등으로 쓴다는 사람이 나머지 반이었다. 반면 여자들은 대부분 연애할 때처럼 남편의 애칭이 휴대 전화에 저장돼 있었다.

연애 시절에는 사랑에 눈이 멀어 온갖 낯간지러운 짓을 다 한다. 그런데 중년이 넘어서까지 이런 짓을 하는 부부들이 있다니……. 그렇다면 나도 아내의 이름을 인기 여가수 이름으로 할까 어쩔까 고민하다가, 테니스 모임 친구들에게 아이디어 하나씩 말해 보라고 하니까 '우리 자기'가 하는 말. "형, 뭘 그런 걸 고민해요? 그런 건 마누라들이 알아서 입력해 놓는 거 아냐? 나는 휴대 전화에 이름을 어떻게 바꾸는지도 몰라요." 헐! 그런 거였어?

1   이 사람이 휴대 전화 속 배우자의 호칭을 설문 조사했는데 결과가 어떻게 나왔나요?

2   남편의 휴대 전화 속의 낯간지러운 애칭은 어떻게 결정되고 저장된 건가요?

3   여러분의 휴대 전화 속에 특별한 이름으로 저장돼 있는 사람이 있나요?

단어 生词

- 탈의실 更衣室
- 슬쩍 瞄
- 발끈하다 赫然
- 딱 恰好
- 부류 类型
- 중전 마마 皇后殿下
- 애칭 爱称
- 짓 事儿, 行动
- 헐 呵（表示惊讶的感叹词）
- 중반 中半
- 화면 画面
- 형수 嫂子
- -파 派
- 절반 一半
- 나머지 剩下的
- (눈이) 멀다 瞎
- 중년 中年
- 울리다 响
- 놀리다 戏弄
- 배우자 配偶
- 마누라 老婆
- 여신 女神
- 대부분 大部分
- 낯간지럽다 难为情
- 입력하다 输入

제17과 옛날 같으면 같이 밤을 새워 주곤 했는데

수 지 : 어젯밤에 친구 아버지가 갑자기 돌아가셨다는 소식을 듣고 장례식장에 다녀왔어요.

이 대리 : 그러셨군요. 미국하고는 장례식장 분위기가 많이 다른가요?

수 지 : 글쎄요. 우리나라에서는 보통 밤에 문상을 가지 않는데 한국에서는 밤인데도 뜻밖에 손님이 많았어요.

이 대리 : 옛날 같으면 같이 밤을 새워 주곤 했는데 요즘은 그렇게까지 하지는 않는 것 같아요.

수 지 : 그런데 무슨 말로 위로해야 할지 몰라서 그냥 가만히 있었어요. 실수한 게 아닌지 모르겠어요.

이 대리 : 아니에요. 마음은 있으나 말로 표현하기 힘들 때가 있어요. 그럴 때는 그냥 절을 하거나 조용히 고개 숙여 인사만 해도 돼요.

◎ 단어 生词

□ 소식 消息
□ 뜻밖에 意外
□ 가만히 静静地，默默地
□ 고개 숙이다 鞠躬
□ 장례식장 葬礼礼堂
□ 밤을 새우다 熬夜
□ 실수하다 失礼
□ 문상 吊唁
□ 위로하다 安慰
□ 절을 하다 行跪礼

秀智 ： 昨天晚上突然接到朋友的父亲去世了的消息，去参加了葬礼。

李代理 ： 原来如此。韩国和美国的葬礼区别很大吗？

秀智 ： 是啊。我们国家一般晚上不去吊唁，在韩国，晚上去吊唁的人出乎意料地多。

李代理 ： 如果是以前的话，还一起熬夜呢，现在好像不这样了。

秀智 ： 但是我不知道该用什么话来安慰，只是默默地待着，不知道算不算失礼。

李代理 ： 不算。有时候很难用语言表达自己的心情。那个时候，行跪礼或者鞠躬就可以了。

1 - 같으면

→ 用于名词后，表示假设。与'-(이)라면'(参照中级1第9课语法)相比，'같으면' 主要用于对所出现的实际情况，换一种立场加以说明时。

보기 주말 같으면 거기까지 한 시간쯤 걸릴 거예요.
       如果是周末的话, 到那里需要一个小时。

      그런 일은 우리나라 같으면 상상도 할 수 없는 이야기예요.
      那样的事情, 在我们国家是不能想像的。

제17과   옛날 같으면 같이 밤을 새워 주곤 했는데   149

제 자식 같으면 야단을 쳤을 텐데 남의 자식을 어쩌겠어요?
如果是我的孩子，我会批评的，别人的孩子能怎么办呢？

2 -(으)ㄴ지/는지/었는지/(으)ㄹ지 모르겠다

→ 是连接词尾 '-(으)ㄴ지/는지/었는지/(으)ㄹ지'(参照中级1第4课语法)和'모르겠다'的结合体，表示疑问。与有疑问的纯疑问句相比，没有疑问词的疑问句更能表现出说话者对其情况所抱有的希望或担忧。这时候，前面的句子常表示说话者的希望。

보기 재영이가 전학 간 학교에서 적응을 잘하고 있는지 모르겠네요.
不知道在英能不能适应新学校生活。

어제 운동회 때 애들이 무리했는데 병이 나지 않았는지 모르겠어요.
昨天运动会上孩子们很辛苦，不知道是否会生病。

내년 사업이 계획대로 잘 될지 걱정이 돼요.
担心明年的工作是否会有计划得那么好。

3 -(으)나

→ 用于谓词词干后，表示虽承认前文的内容，但也要说明与此内容相对应的情况或动作。常用于书面语。

보기 두 건물의 모습은 비슷하나 내부 구조는 아주 다르다.
两个建筑物的样子虽然相似，但是内部结构完全不一样。

늦은 감이 있으나 지금부터라도 대책을 세워야 한다.
有可能为时已晚，但也应该想想对策。

이번 올림픽에 대규모 선수단을 파견했으나 결과는 기대 이하였다.
虽然派出了大规模选手团参加这次奥运会，但是结果不尽人意。

유형 연습

句型练习

1

보기
단독 주택 / 개를 키워도 되지만 아파트에선 안 돼요.

단독 주택 같으면 개를 키워도 되지만 아파트에선 안 돼요.

(1) 너 / 이럴 때 어떻게 하겠니?

(2) 옛날 / 결혼해서 아이 엄마가 되었을 나이예요.

(3) 친한 친구 / 부탁하겠지만 그분과는 이름만 아는 사이예요.

(4) 아이 / 무례한 행동을 할 수도 있겠지만 민수 씨는 어른이잖아요.

2

보기
우리 집 / 아버지가 집에 못 들어오게 했을 거예요.

가: 어젯밤에 술 마시고 집에 새벽에 들어갔어요.
나: 우리 집 같으면 아버지가 집에 못 들어오게 했을 거예요.

(1) 저 / 그렇게 쉽게 헤어지지 않았을 텐데……

부모님이 반대하셔서 애인과 헤어졌어요.

(2) 전세 / 그 돈으로 어려울 거예요.

이 돈으로 서울에서 집을 구할 수 있을까요?

제17과 옛날 같으면 같이 밤을 새워 주곤 했는데 151

(3) 거실 / 밝고 깨끗한 색이 좋을 것 같은데…….

거실 벽지를 바꿀까 하는데 어떤 게 좋을까요?

(4) 10년 전 / 한 달 생활비였는데.

요즘 이 정도 돈으로는 양복 한 벌도 못 사요.

3

보기

지금 출발하면 제시간에 도착할 수 있겠다

지금 출발하면 제시간에 도착할 수 있을지 모르겠어요.

(1) 요즘 할아버지 건강이 괜찮으시다

(2) 우리 딸이 미국에 가서 잘 지내고 있다

(3) 출장 간 하 대리가 일을 무사히 끝냈다

(4) 그 이야기를 듣고 사장님이 화를 내시지 않겠다

4

보기

마음에 드시겠다

가: 선물 정말 감사합니다. 잘 쓰겠습니다.
나: 마음에 드실지 모르겠어요.

(1) 네, 혹시 나쁜 병이 아니다

요즘 자주 속이 아프세요?

(2) 네, 그런데 제가 실수를 하지 않았다

어제 미국에서 손님이 오셨을 때 통역을 하셨다면서요?

(3) 네, 날씨도 추운데 훈련을 잘 받다

아드님이 입대하셨다면서요?

(4) 표가 있겠다

그 가수가 콘서트를 한다고 하는데 같이 보러 갈래요?

5

보기

이 도자기는 화려하지는 않다 / 우아한 멋과 색으로 높이 평가받고 있다.

이 도자기는 화려하지는 않으나 우아한 멋과 색으로 높이 평가받고 있다.

(1) 문제 해결을 위해 두 나라 정부가 노력하고 있다 / 결과는 더 두고 봐야 할 것이다.

(2) 상대팀은 개인기는 뛰어나다 / 조직력이 부족하다.

(3) 어젯밤 울산 근처에서 지진이 발생했다 / 다행히 큰 피해는 없었습니다.

(4) 전통적인 풍습이 많이 사라졌다 / 차례 등 명절 풍습은 아직도 남아 있습니다.

단어 生词
- 단독 주택 独立式住宅
- 무례하다 无礼
- 새벽 凌晨
- 벽지 壁纸
- 무사히 平安无事地
- 혹시 或许
- 통역 口译
- 훈련 训练
- 입대하다 参军
- 도자기 瓷器
- 화려하다 华丽
- 우아하다 优雅
- 평가받다 被评价
- 정부 政府
- 상대팀 对手队
- 개인기 个人技能
- 뛰어나다 超群
- 조직력 组织力
- 지진 地震
- 차례 次序

듣기

听力

1. 듣고 관계가 있는 날을 보기에서 골라 쓰십시오. 17-07
   听后在 보기 中找出相关的日子写下来。

   | 보기 | 제사 | 환갑 | 돌 | 추석 | 설날 |

   (1) _____

   (2) _____

   (3) _____

   (4) _____

2. 듣고 이어지는 대답으로 알맞지 않은 것을 고르십시오. 17-08
   听后选出错误的答语。

   (1)

   ① 결혼기념일 여행이라니 부럽네요.
   ② 어머! 김 과장님처럼 좋은 남편은 없을 거예요.
   ③ 김 과장님 부부는 아직 신혼이나 다름없나 봐요.
   ④ 멋진 여행을 하셨다니 부러운데요.

   (2)

   ① 네가 안 가면 영철이가 섭섭해할 텐데…….
   ② 영철이한테 전화하든지 문자를 보내든지 해라.
   ③ 영철이도 이렇게 빨리 돌아가실 줄 몰랐대.
   ④ 영철이도 이해하겠지 뭐.

3   듣고 질문에 대답하십시오.
    听后回答问题。

    (1) 듣고 맞으면 O, 틀리면 X 하십시오.

        ① 한국 사람들은 미역국을 즐겨 먹는다.
        ② 미역국은 건강에 좋은 음식이지만 산모에게는 좋지 않다.
        ③ 아이를 낳은 후에 대부분 미역국을 먹는다.
        ④ 시험 보는 날엔 미역국을 먹지 않는다.

    (2) 시험 보는 날 미역국을 안 먹는 이유는 무엇입니까?

한국 문화 엿보기   了解韩国文化

圆梦

　　有一些韩国人认为梦能预测未来。他们认为，在梦中见到某些动物或人，或某些东西，以后会遇到好事，或者是预示会有不吉利的事要发生而小心翼翼。

　　特别是当妇女怀孕时，有人就会把梦和孩子的命运联系在一起。他们认为如果能梦见猪、老虎、龙等，就会生下有特别才能的孩子，此外，认为梦见水果也是好梦，而且根据梦中见到的东西预测是生男孩还是女孩。

　　在韩国，猪意味着金钱和财物，所以，有的人如果梦见猪，就以为要发财，便去买彩票。而如果梦见鞋、书包等，就认为会发生担心的事，如果梦见已去世的人，就认为一定会发生不好的事。

　　上述对梦的解释只是一种学说，根据你做梦以后的不同感觉，有可能会发生好事，也有可能会发生坏事。

제17과   옛날 같으면 같이 밤을 새워 주곤 했는데   155

제18과 별걸 다 아시네요

한 부장 부인: 새해 복 많이 받으세요. 올해도 하시는 일 다 잘 되기를 바랍니다.

다 니 엘: 네, 부장님과 사모님도 올해 더 건강하시고 새해 복 많이 받으세요. (잠시 후)

한 부장 부인: 떡국을 잘 드시네요. 한 그릇 더 드릴까요?

다 니 엘: 떡국을 먹을수록 나이를 먹는 거 아닌가요? 저는 한 살만 먹을래요.

한 부장 부인: 별걸 다 아시네요. 그렇게 따지면 저는 100살도 넘었을 거예요. 사양하지 말고 더 드세요.

다 니 엘: 그럼 한 그릇 더 먹을까요? 바쁘신데 저희까지 초대해 주시고, 정말 감사합니다. 기억에 남는 설날이 될 것 같아요.

한 부장 부인: 명절 때는 유난히 고향 생각이 더 나는 법인데 오늘은 다 잊고 즐겁게 보내도록 하세요.

◎ 단어 生词

□ 새해 복 많이 받으세요 新年快乐
□ 별 别的
□ 설날 新年
□ 즐겁다 高兴
□ 사모님 师母
□ 따지다 计较
□ 명절 传统节日
□ (나이를) 먹다 长(岁数)
□ 사양하다 谢绝
□ 유난히 分外

韩部长夫人 ： 新年快乐。希望你今年万事如意。
丹尼尔 ： 谢谢。也祝部长和您身体健康，新年快乐。
(过一会儿)
韩部长夫人 ： 你很喜欢吃年糕汤啊。再吃一碗啊？
丹尼尔 ： 不是说年糕汤吃得越多越上岁数吗？我只想长一岁。
韩部长夫人 ： 知道的还真不少，如果那样计算的话，我都要超过100岁了。别客气，再吃点吧。
丹尼尔 ： 那我就再吃一碗吧。您这么忙还招待我们来家里，真是太感谢了。这个新年会给我留下很美好的回忆的。
韩部长夫人 ： 每逢佳节倍思亲，今天什么都别想，好好过年吧。

   语法

1 -(으)ㄹ수록

→ 连接词尾。用于谓词词干后，表示程度。即随着动作或事态的进一步发展，后一动作或事态的程度也随之发展。相当于汉语的"越……越……"。在同一动词后，常用'-(으)면 -(으)ㄹ수록'。

보기   부자일수록 돈에 대해서 더 철저합니다.
越是富人，理财越是一丝不苟。

한국말은 배우면 배울수록 어려워요.
韩语越学越难。

제18과 별걸 다 아시네요 157

서현 씨는 보면 볼수록 미인이에요.
徐贤越看越美。

2 - 다 -

↳ 副词，表示发生的事情所影响的范围超过了说话者的预想。用于对发生的事情表示惊讶或者讽刺。

보기 폐라니요? 원, 별말씀을 다 하십니다.
麻烦什么啊？你真是太客气了。

쉬는 게 다 뭡니까? 앉을 새도 없었는데…….
休息什么啊？连坐的时间都没有……

정말 이상한 사람을 다 보겠네. 真是遇到了怪人。

3 -는 법이다

↳ 表示"道理或法则"的不完整名词'법'用在修饰形容词或者动词的词尾'-(으)ㄴ/는'之后，表示某种状态或者动作是必然的，没有例外的，是遵循一定法则的。常在格言或者所有人都认可的事实上使用。

보기 서두르면 실수하는 법이다. 欲速则不达。

돈은 가지면 가질수록 더 갖고 싶은 법이에요.
钱越多贪心越大。

하늘이 무너져도 솟아날 구멍이 있는 법이에요.
天无绝人之路。

1

보기

자다 / 더 졸리는 것 같아요.

자면 잘수록 더 졸리는 것 같아요.

(1) 아이가 크다 / 돈이 많이 들어요.

(2) 그 사람을 만나다 / 정이 들어요.

(3) 경제가 발전하다 / 사회 문제도 많아집니다.

(4) 나이를 먹다 / 기억력이 나빠져요.

2

네, 하다 / 재미있어서요.

가 : 그 게임을 3시간이나 했어요?
나 : 네, 하면 할수록 재미있어서요.

(1) 백화점에서는 비싸다
/ 오히려 잘 팔려요.

이렇게 비싼데 잘 팔릴까요?

(2) 지위가 높아지다
/ 어깨가 무거워집니다.

부장님으로 승진하시니까 어때요?

(3) 회사 일은 하다 / 어려운 것 같아요.

입사한 지 1년이 됐으니까 이제
회사 일에 익숙해졌겠네요.

(4) 시간이 지나다
/ 사과하기 힘들 텐데…….

좀 시간이 지난 뒤에 사과하려
고 해요.

제**18**과 별걸 다 아시네요 159

3

요가를 / 하세요?

가: 요즘 퇴근 후에 요가를 하고 있어요.
나: 요가를 다 하세요?

(1) 집에서 술을 / 담그셨어요? 대단하시네요.

어제 어머니와 같이 술을 담갔어요.

(2) 와! 별걸 / 해 봤구나.

나는 옛날에 아르바이트로 안 해 본 게 없어. 우유 배달, 웨이터, 영화 엑스트라…….

(3) 어머! 야마다 씨가 시를 / 지으셨대요?

야마다 씨가 한국어로 시를 지었다는데요.

(4) 코미디가 너무 웃기니까 눈물이 / 나오네요.

왜 텔레비전을 보면서 눈물을 흘려요?

4

노력하는 사람만이 성공하다

노력하는 사람만이 성공하는 법이에요.

(1) 자기 자식은 누구나 다 예쁘다

(2) 사람의 욕심은 끝이 없다

(3) 자기가 남에게 해 준 만큼 받다

(4) 눈에서 멀어지면 마음도 멀어지다

5

계절이 바뀌면 누구나 그렇다

가 : 가을이 되니까 왠지 외로워요.
나 : 계절이 바뀌면 누구나 그런 법이에요.

(1) 원래 월요일에는 더 피곤하다

주말에 잘 쉬었는데 왜 이렇게 피곤한지 모르겠네요.

(2) 뭐든지 처음 할 때는 긴장이 되다

내일이 첫 출근인데 긴장이 돼요.

(3) 누구나 사랑에 빠지면 눈이 멀게 되다

결혼하기 전에는 남편이 왜 그렇게 멋있어 보였는지 모르겠어요.

(4) 최선을 다하면 좋은 결과가 나오다

최선을 다하기는 했지만 자신이 없어요.

단어 生词　□ 기억력 记忆力　□ 오히려 相反　□ 지위 地位　□ 요가 瑜伽　□ 시 诗　□ 흘리다 流
　　　　　□ 노력하다 努力　□ 자식 子女　□ 욕심 贪心　□ (사랑에) 빠지다 堕入 (爱河)

나의 인생

한 사람의 인생 이야기를 만들어 봅시다. 각자 받은 종이에 유년 시절을 써 봅시다. 그리고 옆 사람에게 종이를 넘기고, 옆 사람한테서 받은 종이를 읽고 이어서 써 봅시다. 다 쓴 후에 가지고 있는 종이의 내용을 발표해 봅시다.

编写一个人生故事。在纸上写出自己孩提时代的事情。然后与旁边的人互换纸张，再按照别人写的故事，续写。写完后，与大家分享。

유년 시절

청소년 시절

청년 시절

중년 시절

노년 시절

제19과 갖고 싶은 물건을 보면 참지 못했으니까요

🔘 19-01

이 대리 : 가방이 멋있네요. 새로 샀나 봐요.

혜 정 : 네, 지난번에 외국 출장 갔다 오면서 하나 장만했어요.

이 대리 : 어쩐지 좋아 보이더라. 그런데 정말 쇼핑을 좋아하는 것 같아요.

혜 정 : 네, 스트레스가 쌓였을 때도 쇼핑을 하다 보면 풀려 버리거든요. 그래도 요즘은 좀 자제를 하는 편이에요.

이 대리 : 제가 보기에는 아직도 여전한 것 같은데…….

혜 정 : 전에는 더했어요. 갖고 싶은 물건을 보면 참지 못했으니까요. 그러다가 카드 대금이 연체되기도 하고 몇 번 고생을 하고 나서는 정신을 차리게 됐어요. 틈틈이 카드로 쓴 금액을 체크하기도 하고요.

이 대리 : 쇼핑 좋아하는 사람들은 충동구매나 카드 사용에 신경을 좀 써야 돼요.

◎ 단어 生词

- 장만하다 购置
- 여전하다 依然
- 연체되다 延迟
- 충동구매 冲动购买
- 어쩐지 怪不得
- 더하다 更严重
- 정신을 차리다 清醒
- 자제하다 克制
- 대금 贷款
- 틈틈이 一有空

李代理 ： 包儿真酷啊。是新买的吧？
蕙晶 ： 是的，上次去国外出差，回来的时候，买了一个。
李代理 ： 怪不得看上去不错呢。你好像很喜欢购物。
蕙晶 ： 是的，压力大的时候，购一次物，压力就会完全消失。现在还算克制了不少呢。
李代理 ： 我觉得你一点都没克制自己。
蕙晶 ： 原来更严重。看到想要的东西就手痒。所以有几次信用卡被停用，受了很大罪，才慢慢清醒了过来。现在会经常查看信用卡的消费金额。
李代理 ： 喜欢购物的人都应该注意冲动购物和信用卡的使用。

  语法

1 -다가 보면

↪ 用于动词或部分形容词词干后，表示前面的动作或者状态继续进行或者保持的情况下，后半句表示的情况会接下来发生。因此动词不能以过去型出现。'-다가' 中的 '가' 可以省略。

보기 이리로 곧장 가다가 보면 찾고 있는 건물이 보일 거예요.
沿着这边一直走下去就会看到你要找的楼。

누워만 있다 보면 없던 병도 생길 테니 잠깐 산책이라도 하고 와라.
只躺着，就很容易生出本来没有的病，所以去散散步吧。

살다 보면 별의별 사람을 다 만나게 됩니다. 人生在世会遇到各种各样的人。

2 -아/어 버리다

↳ 助动词。用于动词词干后，表示该动作彻底结束，或因动作的结束，说话者所承受的负担也随之消除。

보기 역에 가 보니까 기차는 벌써 떠나 버렸더군요.
到了火车站一看，火车已经开走了。

내가 벽에 붙인 포스터를 누가 떼 버렸어요?
我贴在墙上的海报谁揭走了。

먼저 가 버리면 안 됩니다.
不可以先走。

사표를 내 버리고 싶을 때가 한두 번이 아니에요.
不止一次想辞职。

술이 조금밖에 안 남았는데 다 마셔 버립시다.
就剩一点酒了，都喝完吧。

무더운 여름이 빨리 지나가 버렸으면 좋겠어요.
闷热的夏天尽快结束的话该有多好。

3 -다가

↳ 连接词尾。用于谓词词干后，基于意思表示"停止某一动作而转入别的动作"。但这里表示前一动作是后一动作的原因，即前一动作的进行，会导致意外的后果。前一行动为完成式时，应用'-았/었다가'。

보기 날마다 이렇게 놀다가 시험에 떨어지면 어떻게 하려고 그래요?
你每天都这样玩，如果考试考不过你要怎么办？

백화점에 갔다가 우연히 중학교 동창생을 만났어요.
去了一趟商场，遇到了中学同学。

사과하지 않았다가 나중에 큰 싸움이 일어났어요.
由于之前没有道歉，后来又大吵了一架。

1

보기

오른쪽으로 돌아서 가다
/ 소방서가 보일 거예요.

오른쪽으로 돌아서 가다 보면 소방서가 보일 거예요.

(1) 하는 일이 많다 / 한두 가지 잊어버릴 때도 있습니다.

(2) 그 사람을 진심으로 대하다 / 언젠가는 마음의 문을 열 거라고 생각해요.

(3) 처음에는 힘들겠지만 생활하다 / 익숙해질 테니까 너무 걱정하지 마세요.

(4) 외국어를 배우다 / 한 번쯤 포기하고 싶을 때가 있는 법이야.

2

보기

처음에는 어색하지만 며칠 지내다
/ 자연스러워질 거예요.

가 : 어제 파마했는데 너무 마음에 안 들어서 풀고 싶어요.
나 : 처음에는 어색하지만 며칠 지내다 보면 자연스러워질 거예요.

(1) 지내다 / 정이 들 거예요.

하숙집이 아직은 낯설어요.

(2) 바쁘다 / 그럴 수도 있지요, 뭘.

지난번에 갑자기 약속을 취소해서 미안해요.

(3) 열심히 모으다 / 언젠가는 우리 집을 살 날이 오겠지요.

이렇게 저축해서 언제 우리 집을 사요?

(4) 계획 없이 살다 / 또 그럴 테니 앞으로는 가계부라도 쓰세요.

지난달에는 생활비가 완전히 적자였어요.

3

보기

내가 조심하지 않고 써서 오븐이 망가지다 / 버렸어요.

내가 조심하지 않고 써서 오븐이 망가져 버렸어요.

(1) 친구와 야구를 하다가 이웃집 유리창을 깨다 / 버렸어요.

(2) 기르던 물고기가 죽다 / 버렸어요.

(3) 옛날에 받은 연애편지는 태우다 / 버리는 게 어때요?

(4) 필요 없는 물건들은 다 치우다 / 버리세요.

4

보기

형이 내 과자를 다 먹다

가 : 너희들 왜 싸우는 거야?
나 : 형이 내 과자를 다 먹어 버렸어요.

(1) 가니까 벌써 표가 매진되다

왜 벌써 와요? 영화를 못 봤어요?

(2) 너무 낡아서 폐차시키다

새 차를 사셨군요. 타던 차는 어떻게 했어요?

(3) 아니요, 값이 떨어질 것 같아서 팔다

지난번에 산 주식은 아직 가지고 있어요?

(4) 아니요, 옆집 아줌마가 달라고 해서 주다

아이들이 입던 옷은 버렸어요?

5

과속을 하다 / 경찰에게 잡혔어요.

과속을 하다가 경찰에게 잡혔어요.

(1) 할까 말까 망설이다 / 좋은 기회를 놓쳤어요.

(2) 지하철을 잘못 탔다 / 고생을 했어요.

(3) 음식을 잘 익히지 않고 먹었다 / 배탈이 난 적이 있어요.

(4) 부모님께 사실대로 말하지 않았다 / 야단을 맞았어요.

6

보기: 쇼핑하러 남대문 시장에 갔다 / 우연히 만났어요.

가 : 동창을 어디에서 만났어요?
나 : 쇼핑하러 남대문 시장에 갔다가 우연히 만났어요.

(1) 미루다 / 마감 날이 지나 버렸어요.

왜 그 회사에 원서를 내지 않았어요?

(2) 그렇게 책만 보다 / 박사 되겠네요.

영호 씨는 요즘 밤낮 책만 봐요.

(3) 서로 자기 나라 응원하다 / 그랬대요.

마크 씨하고 재석 씨하고 축구 보다가 왜 싸웠대요?

(4) 사업에 대해 아무 것도 모르고 시작했다 / 실패했어요.

옛날에 하시던 사업은 어떻게 됐어요?

단어 生词 □ 어색하다 别扭 □ 자연스럽다 自然 □ 낯설다 陌生 □ 가계부 家庭收支簿 □ 적자 赤字
□ 망가지다 弄坏 □ 낡다 陈旧 □ 폐차시키다 汽车报废 □ 과속 超速 □ 야단을 맞다 被批评
□ 우연히 偶然

나만의 명품

　R 시계, L 가방, B 구두, T 액세서리······. 우리가 소위 명품이라고 하는 물건들은 멋진 디자인과 세련된 색깔로 많은 사람들에게 사랑을 받고 있다. 그런데 그 사랑이 지나친 걸까? 너도 나도 그 명품을 베낀 '짝퉁'이라도 들고 싶어 사다 보니 '3초백'이라는 부끄러운 말까지 생겼다. 똑같은 걸 가진 사람을 하루에도 몇 번씩 마주친다면 그건 좀 민망한 일이 아닐까?

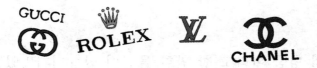

　그렇다면 명품이란 어떤 것일까? 명품의 사전적 의미는 '뛰어난 물건 혹은 작품'이다. 좀 더 상세히 설명하자면 솜씨 좋은 장인들이 수작업으로 정성껏 만든 귀한 물건이다. 즉 기능이나 디자인 면에서 훌륭한 물건이지 무조건 값비싼 고급 브랜드를 의미하는 것은 아닐 것이다.

　얼마 전에 할머니가 돌아가시고 어머니가 할머니 유품을 정리하다가 예쁜 비단 조각들이 가득 들어 있는 상자를 발견하였다. 그걸 보자마자 엄마와 나는 마치 소녀처럼 탄성을 지르고 만져 보기 시작했다. 할머니가 평생 모아 오셨다는 귀한 천들. 엄마는 그걸 하나하나 어루만지며 미소를 지으시기도 하고 눈물을 글썽이기도 하셨. 그리고는 며칠 후 엄마는 내 앞에 예쁜 파우치와 지갑을 내놓으셨다. 바로 그 천들로 만든 세상에서 하나뿐인 물건. 할머니의 옷장에서 수십 년간 사랑받아 온 천들로 어머니가 정성을 다해 만드신 것들이었다.
　너무나 다양한 고급 물건이 넘쳐나는 요즘 같은 시대에는 브랜드 이름이나 가격보다는 자기만의 개성과 소중한 추억이 담겨 있는 이런 물건이 정말 명품이 아닐까?

1   '명품'과 '짝퉁'의 의미를 쓰십시오.

2   어머니는 할머니의 천을 만지며 왜 미소를 지으시기도 하고 눈물을 글썽이기도 하셨을까요?

3   여러분도 '나만의 명품'이라고 할 만한 물건이 있습니까? 있으면 한번 소개해 보십시오.

단어 生词

- 명품 名品
- 베끼다 抄袭
- 민망하다 尴尬
- 장인 工匠
- 귀하다 贵重
- 유품 遗物
- 가득 装满
- 천 布
- 개성 个性
- 소위 所谓
- 짝퉁 山寨版
- 혹은 或者
- 수작업 手工业
- 즉 既
- 비단 绸缎
- 발견하다 发现
- 어루만지다 抚摸
- 소중하다 珍贵
- 세련되다 洗练
- 마주치다 遇到
- 상세히 详细地
- 정성껏 精心
- 고급 高级
- 조각 碎片
- 탄성 感叹声
- 글썽이다 含（泪）
- 담기다 承载

한국의 기념일 韩国的纪念日

기념일	날짜	의미
설날	1월 1일(음력)	新年的第一天，给长辈拜年，吃年糕汤的日子
대보름	1월 15일(음력)	韩国的传统节日，那天人们要吃五谷饭和干果，祈求新的一年健康、丰收
삼일절	3월 1일	为了脱离日本的统治，为了独立全国民齐呼万岁的日子
식목일	4월 5일	植树日
석가탄신일	4월 8일(음력)	佛诞日
어린이날	5월 5일	儿童节
어버이날	5월 8일	怀着感恩的心情，陪伴父母一起过的节日（父母节）
현충일	6월 6일	缅怀为祖国壮烈牺牲的烈士的日子
제헌절	7월 17일	韩国宪法发布日
광복절	8월 15일	韩国脱离日本统治得以解放的日子（光复节）
추석	8월 15일(음력)	庆祝丰收，品尝秋收的日子
개천절	10월 3일	公元前2333年，壇君创造韩国的日子
한글날	10월 9일	世宗大王创造韩国文字的日子
크리스마스	12월 25일	圣诞节

제20과 고민 끝에 차를 한 대 사기로 했어요

이 대리: 드디어 결혼한다면서요? 축하합니다. 집은 구했어요?

혜 정: 아니요, 알아보다가 고민 끝에 남자 친구가 지금 살고 있는 원룸에 그냥 들어가 살고 그 대신 갖고 싶던 차를 한 대 사기로 했어요.

이 대리: 원룸은 둘이 살자면 아무래도 불편하지 않을까요? 그리고 찻값도 만만치 않을 텐데…….

혜 정: 그렇긴 하지만 우리 둘 다 워낙 여행을 좋아하거든요. 집에서는 거의 잠만 잘 텐데 많은 돈을 들이기가 아깝기도 해서요.

이 대리: 뭘 중요하게 생각하느냐에 따라 돈을 쓰는 방법도 달라지는 것 같네요.

혜 정: 시간이 지나면 생각이 바뀔지도 모르겠지만 지금은 그냥 이렇게 하고 싶어요.

● 단어 生词

- 드디어 终于
- 만만하다 便宜
- 원룸 单身公寓
- 돈을 들이다 花钱
- 아무래도 不管怎样
- 아깝다 可惜

李代理 : 听说你终于要结婚了？恭喜啊。找到房子了吗？

蕙晶 : 没有，找了半天，考虑了半天，还是决定住男朋友现在住的单身公寓，然后买一辆一直想要的车。

李代理 : 两个人住单身公寓的话，是不是很不方便？何况车也很贵啊。

蕙晶 : 是的，但是我们俩都很喜欢旅行。在家也只是睡个觉，如果花很多钱买房子，总觉得有点可惜。

李代理 : 果然每个人重视的东西不一样，花钱的方式也不尽相同啊。

蕙晶 : 也许过一段时间想法会改变，但是目前是这么打算的。

语法

1 - 끝에

→ 用于名词或过去时态的定语形词尾 '-(으)ㄴ' 或 '-던' 之后，表示经过一段时间或度过某难关以后，好不容易才得到后一结果。

보기 오랜 방황 끝에 고향으로 돌아왔습니다.
犹豫好久之后回到了老家。

세 시간 고른 끝에 마음에 드는 것을 찾았습니다.
选了三个小时，终于找到了称心的东西。

오랫동안 참고 기다리던 끝에 원하던 대답을 들을 수 있었습니다.
经过很长时间的忍耐和等待，终于等到了希望的回答。

2 -자면

→ 用于动词词干后，对意图进行假设，表示"将来想那样的话"。虽与'-(으)려면'的意思差不多，但'-(으)려면'使用时并无特殊的限制，而'-자면'主要用于主语是人且陈述事实的句子。

보기 가수로 성공하자면 매니저를 잘 만나야 합니다.
歌手想成功的话，得有合适的经纪人。

이 공사를 한 달 안에 끝내자면 날씨가 좋아야 할 텐데……。
要在一个月内完成这个工程，天气要好一点才行。

누구나 꿈을 이루자면 그만큼 노력이 필요합니다.
无论是谁，想要实现梦想，都要付出相应的努力。

* '-자면' 用在下列句子时，表示"如果对某事进行说明的话"。

보기 솔직히 말하자면 저는 의사가 되고 싶지 않았습니다.
说实话，我没想当医生。

한마디로 말하자면 이건 최악입니다. 一句话，这情况糟糕透了。

'정'이란 쉽게 설명하자면 한국적인 사랑입니다.
所谓的"情"，简单来说就是韩国式的爱。

3 -느냐에 따라

→ 表示"依据某种事实或立场"的'-에 따라'(参照中级1第16课 语法)与疑问句相结合，以'-느냐에 따라'的状态使用。表示后面的事实受到前面疑问句的影响。

보기 졸업여행을 어디로 가느냐에 따라 가고 안 가고를 결정할 거예요.
根据毕业旅行去哪里来决定是去还是不去。

고기 요리라도 어떻게 요리했느냐에 따라 다이어트에 괜찮을 수 있어요.
即使是肉菜，根据做法的不同，对减肥也有所帮助。

대통령 후보의 공약이 현실성이 있느냐 없느냐에 따라 평가해야 합니다.
对总统候选人进行评价的时候，应注重他们对公民做出的承诺有无现实性。

유형 연습

1 보기

고민 / 수술을 받기로 했어요.

고민 끝에 수술을 받기로 했어요.

(1) 고생 / 낙이 온다는 말도 있잖아요.

(2) 생각 / 유학을 포기하기로 했어요.

(3) 부모님을 오랫동안 설득했다 / 허락을 받았습니다.

(4) 10년 연구했다 / 신기술을 개발했습니다.

2 보기

집 앞에서 5시간 기다렸다 / 겨우 만났어요.

가: 그 가수는 만나기가 어렵다던데 어떻게 만났어요?
나: 집 앞에서 5시간 기다린 끝에 겨우 만났어요.

(1) 우리는 10년 연애 / 결혼했어요.

두 사람은 연애결혼이에요? 중매결혼이에요?

(2) 네, 장시간 회의 / 만장일치로 결정됐습니다.

모든 사람들이 찬성했나요?

제20과 고민 끝에 차를 한 대 사기로 했어요 177

(3) 여기저기 물어봤다 / 알아낸 거예요.

제가 여기에서 일하는지 어떻게 알았어요?

(4) 네, 7번 실패했다 / 8번째에선 좋은 결과가 나왔습니다.

그동안 실험이 계속 실패하다가 어렵게 성공하셨다면서요?

3

오늘 밤에 이 책을 다 읽다 / 밤을 새워야겠군요.

오늘 밤에 이 책을 다 읽자면 밤을 새워야겠군요.

(1) 사립학교에 다니다 / 공립학교보다 돈이 두 배쯤 더 들어요.

(2) 이 집을 다 수리하다 / 한 달 이상 걸릴 거예요.

(3) 세계 평화를 지키다 / 핵무기를 없애야 합니다.

(4) 솔직히 말하다 / 저는 별로 가고 싶지 않습니다.

4

좋은 자리를 맡다 / 새벽부터 줄을 서야 할 거예요.

가 : 야구 시합을 좋은 자리에서 구경하려면 몇 시에 가야 해요?
나 : 좋은 자리를 맡자면 새벽부터 줄을 서야 할 거예요.

(1) 부산까지 가다 / 지금 출발해야 해요.

벌써 출발해요?

(2) 대기업에 취직하다 / 학교 성적이 좋아야 합니다.

학생들이 성적에 신경을 많이 쓰는군요.

(3) 유럽으로 신혼여행을 가다 / 비용이 많이 드니까요.

왜 신혼여행을 유럽으로 가지 않았습니까?

(4) 쉽게 설명하다 / 한국식 파티라고 할 수 있어요.

'잔치'라는 단어의 의미가 뭐예요?

5

보기

어떤 섬유이다 / 세탁법이 다릅니다.

어떤 섬유냐에 따라 세탁법이 다릅니다.

(1) 영화 관객이 얼마나 많다 / 상영 기간이 결정될 겁니다.

(2) 어떻게 만들다 / 음식 맛이 많이 달라져요.

(3) 똑같은 방이라도 가구를 어떻게 놓다 / 차이가 많이 나요.

(4) 네가 가다 / 안 가다 / 여행 일정이 달라질 거야.

단어 生词
- 낙 幸福　　설득하다 劝说　　허락 允许　　연구하다 研究　　개발하다 开发
- 중매결혼 （通过）保媒结婚　　만장일치 全体一致　　찬성하다 赞成　　실험 实验
- (밤을) 새우다 熬夜　　사립학교 私立学校　　공립학교 公立学校　　평화 和平
- 핵무기 核武器　　솔직히 坦率　　줄을 서다 排队　　대기업 大企业　　비용 费用
- 섬유 纤维　　관객 观众　　상영 上映

제20과　고민 끝에 차를 한 대 사기로 했어요

듣기

1. 듣고 질문에 대답하십시오.
   听后回答问题。

   (1) 내용과 맞는 것을 고르십시오.

   ① 남자는 모아 놓은 돈이 있다.   ② 여자가 적금을 들라고 권했다.
   ③ 남자는 가계부를 써 본 적이 없다.   ④ 여자는 돈 관리가 중요하다고 생각한다.

   (2) 남자는 앞으로 무엇을 할 것 같습니까?

2. 듣고 내용과 같은 것을 고르십시오.
   选出与所听内容相符的选项。

   (1)

   ① 상품평은 상품을 써 본 후에 쓰는 것이다.
   ② 인터넷으로 상품을 사고 나서 상품평을 쓰는 것이 좋다.
   ③ 상품평에는 상품에 대한 장점이 대부분이라 도움이 안 된다.
   ④ 주문한 물건을 받아 보면 상품평과 다를 때가 있다.

   (2)

   ① 물가가 올라서 편의점 도시락 값도 올랐다.
   ② 남자는 앞으로 도시락을 싸 가지고 다닐 생각이다.
   ③ 도시락을 먹으면 점심시간을 이용해 다른 것을 할 수 있다.
   ④ 남자는 편의점 도시락을 먹어 본 적이 있다.

   (3)

   ① 모아 둔 포인트는 아무 때나 사용하고 싶을 때 쓸 수 있다.
   ② 남자가 사용하는 카드는 하나밖에 없다.
   ③ 여자는 모아 두었던 카드 포인트로 카메라를 샀다.
   ④ 남자는 카메라를 사서 카드 포인트를 다 써 버렸다.

의성어 · 의태어 拟声词·拟态词

보기에서 적당한 의성어를 골라 쓰십시오.
从 보기 中选择恰当的拟声词写在括号内。

> **보기** 야옹야옹, 멍멍, 째깍째깍, 따르릉, 빵빵, 똑똑, 졸졸, 콜록콜록, 쨍그랑, 음메~

1. 전화나 벨 소리   (   )
2. 고양이가 우는 소리   (   )
3. 시계 소리   (   )
4. 접시나 유리가 깨지는 소리 (   )
5. 자동차 경적 소리 (   )
6. 기침 소리   (   )
7. 개가 짖는 소리   (   )
8. 소, 양, 염소가 우는 소리 (   )
9. 노크 소리, 물이 한 방울씩 떨어지는 소리 (   )
10. 물이 부드럽게 흐르는 소리   (   )

보기에서 적당한 의태어를 골라 쓰십시오.
从 보기 中选择恰当的拟态词写在括号内。

> **보기** 흔들흔들, 끄덕끄덕, 반짝반짝, 비틀비틀, 뻘뻘, 빙글빙글, 살금살금, 보글보글, 깜박깜박, 펑펑

11. 별이 빛나는 모양   (   )
12. 계속 도는 모양   (   )
13. 땀을 많이 흘리는 모양 (   )
14. 고개를 위아래로 흔드는 모양 (   )
15. 눈이 많이 쏟아지는 모양(   )
16. 물이나 찌개 등이 끓는 모양(   )
17. 발을 제대로 옮기지 못하고 쓰러질 것처럼 걷는 모양 (   )
18. 눈치를 봐 가면서 몰래 하는 모양   (   )
19. 위아래 또는 양옆으로 계속 움직이는 모양   (   )
20. 빛이 어두워졌다 밝아졌다 하는 모양   (   )

정답
1. 따르릉 2. 야옹야옹 3. 째깍째깍 4. 쨍그랑 5. 빵빵 6. 콜록콜록 7. 멍멍 8. 음메~ 9. 똑똑 10. 졸졸 11. 반짝반짝 12. 빙글빙글 13. 뻘뻘 14. 끄덕끄덕 15. 펑펑 16. 보글보글 17. 비틀비틀 18. 살금살금 19. 흔들흔들 20. 깜박깜박

제20과 고민 끝에 차를 한 대 사기로 했어요 181

제21과 절약하기로는 아버지를 따를 사람이 없을 거예요

한 부장 : 여기 기름 5만 원어치만 넣어 주세요.

한지원 : 아버지는 항상 5만 원씩만 기름을 넣으시던데 일부러 그러시는 거예요? 한 번 넣을 때 가득 넣는 게 편하지 않아요?

한 부장 : 편하기는 하겠지만 그렇게 하면 기름을 더 많이 쓰게 되지. 차가 무거워지면 아무래도 기름이 많이 들거든.

한지원 : 그렇군요. 하여튼 절약하기로는 아버지를 따를 사람이 없을 거예요.

한 부장 : 할 수 있는 걸 할 따름이지. 더구나 우리나라는 기름도 나지 않잖니. 조금이라도 아껴 써야지.

한지원 : 작은 것이라도 실천하는 것이 중요하다는 말씀이시죠?

한 부장 : 그런 것도 알고, 어느새 우리 딸이 많이 컸구나.

● 단어 生词

- 일부러 故意
- 하여튼 反正
- 더구나 再说
- 가득 满
- 절약하다 节约
- 실천하다 实践
- 들다 花费
- 따르다 跟随
- 어느새 不知不觉中

韩部长 : 加五万块的油。

智媛 : 爸爸每次都加5万块的油，是不是有意这么加的？一次性加满不是更方便吗？

韩部长 : 方便是方便，那样会更废油。车变重的话，会更废油。

智媛 : 这样啊。反正没有人比爸爸更节约了。

韩部长 : 能节约就节约呗。再说，我们国家又不产石油。省点儿是点儿。

智媛 : 您是勿以善小而不为的意思吧？

韩部长 : 你连这个都知道啊，我女儿不知不觉长大了啊。

1 -지요

→ 终结词尾。用于说话者对某件事的确认，或私自对自己的行为表示肯定。

보기 외국어를 배운다는 건 누구한테나 어려운 일이죠.
学外语对谁来说都不是易事。

서로 도우면서 살아야지요. 应互相帮助。

이 짐은 제가 들고 가지요. 我来提这个行李吧。

제21과 절약하기로는 아버지를 따를 사람이 없을 거예요

2 -기로

→ 用于谓词词干后，表示后半句的判断基准。后半句常表示最高级的。

보기 무섭기로는 체육 선생님이 최고예요.
体育老师最可怕。

고집이 세기로 우리 아버지를 따를 사람이 없어요.
没有比我爸爸更固执的人了。

술을 잘 마시기로는 철수를 이길 사람이 없죠.
没有人比哲秀更能喝了。

3 -(으)ㄹ 따름이다

→ 不完全名词'따름'用在动词的定语形词尾'(으)ㄹ'之后，表示仅仅、只不过。即排除其他的，只强调其动作或状态。

보기 이 노래를 들으니 옛 추억이 떠오를 따름입니다.
听了这首歌，只有久远的记忆浮现在脑海里。

저는 그저 그분 말씀대로 했을 따름인데 저한테 왜 그러세요?
我只是按照他说的做的，为什么这样对我？

특별한 이유가 있는 것은 아니고 좀 피곤해서 가지 않았을 따름이에요.
没有什么特别的原因，只是因为身体劳累才没有去。

유형 연습

句型练习

1

보기

나중에 다시 전화하다

나중에 다시 전화하지요.

(1) 그렇게 하는 게 더 좋겠다

(2) 눈 깜빡할 사이에 3년이 지나갔다

(3) 여유가 없으니까 아껴 써야 하다

(4) 이 일은 제가 맡아서 해 보다

2

보기

한복에는 머리를 올리는 게 더 어울리겠다

가 : 내일 한복을 입으려고 하는데 머리는 어떻게 하는 게 좋을까요?
나 : 한복에는 머리를 올리는 게 더 어울리겠지요.

(1) 네, 열심히 하다

병태 씨는 직장 생활 잘해요?

(2) 두 가지 일을 같이 한다는 게 쉬운 일이 아니다

직장 생활을 하면서 야간 대학에 다니는데 너무 힘들어요.

제21과 절약하기로는 아버지를 따를 사람이 없을 거예요 185

(3) 네, 만능 스포츠맨이라고 할 수 있다

그 사람이 운동을 아주 잘한다면서요?

(4) 네, 말씀대로 하다

일이 많아서 주말에 다들 나와야겠는데요.

3

보기

단풍이 아름답다 / 설악산을 따를 산이 없어요.

단풍이 아름답기로는 설악산을 따를 산이 없어요.

(1) 꼼꼼하다 / 마에다 씨가 최고 아닐까요?

(2) 물건이 다양하다 / 하나 백화점을 따를 백화점이 없을 거예요.

(3) 마음이 편하다 / 자기 집이 제일이죠.

(4) 계산을 잘하다 / 김 대리를 따를 사람이 없어요.

4

보기

영양가가 높다 / 우유가 최고예요.

가: 아이들에게 먹일 간식으로 뭐가 좋을까요?
나: 영양가가 높기로는 우유가 최고예요.

(1) 인구가 많다 / 중국을 따를 나라가 없어요.

세계에서 어느 나라 인구가 제일 많지요?

(2) 아니에요, 잘 놀다 / 상철 씨를 따를 사람이 없을걸요.

상철 씨는 모범생이라서 공부밖에 모를 거예요.

(3) 옷값이 싸다 / 동대문 시장이 제일이에요.

시장마다 옷값이 다 달라서 어느 시장이 싼지 모르겠어요.

(4) 연하다 / 안심이 제일이죠.

스테이크는 어느 부위로 만드는 게 좋을까요?

5

보기

아픈 게 아니라 조금 피곤하다

가 : 어디 아파요?
나 : 아픈 게 아니라 조금 피곤할 따름입니다.

(1) 제가 맡은 일은 최선을 다해서 하다

미영 씨는 언제나 일을 잘하시는 것 같습니다.

(2) 저도 들었어요. 5살짜리가 그렇게 외국어를 잘 한다니 놀랍다

영업부 양 과장님 아들이 신동이래요. 영어도 잘하고 중국어까지 한대요.

(3) 고집을 부리는 것이 아니라 제 생각을 말했다

왜 그렇게 고집을 부리세요?

(4) 그냥 열심히 했다

국제 대회에 처음 나가서 은메달을 땄는데 무슨 비결이라도 있나요?

단어 生词
- 눈 깜빡할 사이 一眨眼的功夫 맡다 负责 만능 스포츠맨 万能运动员
- 꼼꼼하다 细致 최고 最好 영양가 营养价值 간식 零食 모범생 模范学生
- 연하다 嫩 안심 牛腩 부위 部位 놀랍다 吃惊 신동 神童
- 고집을 부리다 固执 국제 대회 国际大赛 은메달 银牌 비결 秘诀

활동

돈을 어떻게 쓰십니까?

다음 문장을 읽고 화살표를 따라가 보십시오.
阅读下面的句子，根据自己的情况顺着箭头往下走。

네 →
아니요 →

- 3만 원짜리 피자는 3천 원짜리 떡볶이보다 10배 이상 맛있어야 한다.
  - 나는 한 달에 내가 얼마나 버는지와 얼마나 쓰는지를 잘 알고 있다.
    - 친구한테 빌린 돈은 약속한 날까지 갚아야 마음이 편하다.
      - 옆집 차는 새로 나온 중형차이고 우리 차는 오래된 소형차이지만 그런 것에 별로 신경 쓰지 않는다.
        - 부자를 보면 그 사람이 어떻게 돈을 벌었는지 관심을 갖고 배우려고 한다. → 가
        - 길에서 돈을 좀 달라고 하는 불쌍한 사람을 보면 그냥 지나가지 않는다. → 나
    - 살아가는 데 돈이 필요하지만, 돈이 인생의 목표가 될 수는 없다.
      - 택시 기본요금 거리이면 버스나 지하철로 한 번에 갈 수 있어도 택시를 탄다.
        - 비싼 물건을 사기 전에는 항상 두 곳 이상에서 가격을 비교해 본다. → 다
  - 나는 내가 버는 돈(용돈)에서 얼마 정도를 꼬박꼬박 저축하는 편이다.
    - 별문제가 없으면 빌린 돈을 안 갚고 지내다가 신용 불량자가 돼도 괜찮다.
      - 갖고 싶은 물건이 있으면 참지 못하고 돈이 없을 때에는 빌려서 산다.
        - 어려울 때에는 부모님이 도와주실 테니까 대충 일하면 된다고 생각한다. → 라
      - 한 달 동안 버는 돈(용돈)보다 많은 돈을 하루 동안에 써 본 적이 있다.
        - 내가 부자가 된다면 죽을 때 모든 재산을 내 아들딸(자식)에게 주겠다. → 마 / 바

질문

(가) 용돈을 세어보는 때도 사람이다. 용돈이 얼마인지 자주 세어 보며(머리에 돈을 세리 것) 돈 계산을 잘 한다.
그 돈을 든다.
(나) 용돈을 아껴 쓰는 사람이다. 돈은 눈이 밝아서 이득일 때 유리하게 생각하면서 아끼고, 그리고 경우 많이 좋다.
고 믿는다.
(다) 돈이 중요 때는 장마가 들어서 불편해하기도 한다. 평소에는 꼼꼼하게 돈을 비교해 가며 쓴다. 돈을
사람 중에 이런 사람이 많다.
(라) 그 돈 돈의 움직임에 맞춰 돈을 쓰는 사람이다. 돈이 부족해서 생기는 불편 없고, 돈을 쓰서 모으는 문화
때로 돈에 자기의 인생이 좌우될 수도 해결을 지어 놓고 생각한다.
그 돈 한 사이에 쓰는 사람이다.
(마) 돈에 대해서 자신이 사람들에게 이중하는 사람이다. 사고 싶은 게 있으면 다른 사람에게 사달라고 부탁하거나
그 돈을 하는 사이다.
(바) 돈이 인생에서 제일 중요하다고 생각하는 사람이다. 그래서 열심히 돈을 벌어 놓고 쓰는 돈이 생기는
를 바란다.

제22과 걷다 보니 자연과 하나가 되는 듯해요

22-01

수 지: 까만 돌담이 아주 보기 좋아요. 다른 데서는 흔히 볼 수 없는 거죠?

친 구: 그렇죠. 제주도가 원래 돌도 많으며 바람도 유난히 많은 섬이랍니다. 가다보면 여기저기에 돌로 쌓아 놓은 담들을 볼 수 있을 거예요.
(잠시 후 올레길 안내 표지를 보며)

수 지: 여기에서 오른쪽으로 가라는 거죠? 올레길 안내 표시가 잘 돼 있어서 이걸 봐 가면서 따라가니까 찾기가 쉽네요.

친 구: 자, 이제부터 산길입니다. 제주도의 낮고 부드러운 산을 마음껏 느껴 보세요.

수 지: 이렇게 골목길이랑 산길을 걷다 보니 마음의 여유도 생기고 자연과 하나가 되는 듯해요.

친 구: 맞아요. 차로 다니는 여행하고는 다른 점이 있죠. 직접 걸어 보지 않으면 이런 느낌은 잘 모를 겁니다.

* 올레: '골목, 골목길'을 뜻하는 제주도 사투리

◉ 단어 生词

□ 돌담 石墙　　　　□ 흔히 经常　　　　□ 원래 本来　　　　□ 섬 岛屿
□ 올레길 偶来路　　□ 안내 표지 指示牌　□ 부드럽다 柔和
□ 마음껏 尽情　　　□ 골목길 小巷　　　□ 자연 自然

秀智： 黑石墙真好看。在别的地方不常见到吧？

朋友： 是的。济州岛是座石头多风也特别多的岛屿。随处都可以见到用石头砌成的墙。

（一会儿后，看到偶来路上的指示牌。）

秀智： 这是让我们从这儿往右走的意思吧？偶来路的指示牌做得很好，按照它指示的走就可以了，找起来真容易。

朋友： 瞧，现在开始都是山路了。尽情感受一下济州岛的平缓柔和的小山吧。

秀智： 走在济州岛的小巷和山路上，心情变得清闲了，好像和大自然融为一体的感觉。

朋友： 是的。这就是和驾车旅行不同的地方。如果不是步行的话，是不会有这样的感觉的。

* 偶来：济州岛方言，表示"胡同"、"小巷"。

 语法

1 -(으)며

→ 用于谓词词干后，表示罗列两种以上事实或者两个以上动作或状态同时发生。主要用于格式体或者书面语。

보기　형은 침착하고 성실하며, 동생은 활발하고 사교적이다.
　　　哥哥沉着而诚实，弟弟活泼外向。

　　　그 사람이 말없이 떠나며 내게 주고 간 물건이 있어요.
　　　我这里有他悄悄离开时送给我的东西。

오며 가며 이것저것 집어 먹어서 그런지 배가 안 고파요.
可能是来来去去时不时地抓东西吃的缘故，一点都不饿。

2 -아/어 가면서

↳ 用于动词词干后，表示在后一动作进行中，间歇性地重复前一动作。

보기 아무리 배가 고파도 물 좀 마셔 가면서 잡수세요. 체하시겠어요.
肚子再饿，也要边喝水边吃，不然该噎着了。

이웃끼리 도와 가면서 살아야지요.
邻居之间应该互相帮助。

그냥 듣지만 말고 중요한 것은 메모해 가면서 들으세요.
别只是听，重要的东西边听边做记录。

3 -다가 보니까

↳ 与动词和一部分形容词词干相结合，表示前面的状态或动作持续的过程中，后面的事实出现，话者因此而明白了什么。后面的动词不能使用将来时。'-다가'中的'가'和'-보니까'中的'까'可以省略。

보기 이 동네에 오래 살다 보니 정이 들어서 이사 가기가 싫어요.
在这个小区生活了很久，有感情了，不想搬家。

동창들이랑 연락을 하지 않다 보니 점점 멀어지는 것 같아요.
因为不和同学们联系，关系似乎渐渐疏远了。

조 대리가 워낙 고집이 세다 보니까 주위 사람들과 부딪힐 때가 많아요.
赵代理向来非常固执，因此常和周围的人发生冲突。

1

그는 손을 흔들다 / 비행기에 올랐다.

그는 손을 흔들며 비행기에 올랐다.

(1) 기회가 있으면 또 오겠다고 하다 / 떠났어요.

(2) 남자 친구가 반지를 끼워 주다 / 청혼을 했어요.

(3) 제가 대학교에 다니다 / 안 해 본 아르바이트가 없어요.

(4) 물리치료 받다 / 약을 먹으니까 다친 데가 많이 좋아졌어요.

2

중요한 것을 메모하다 / 들었습니다.

중요한 것을 메모해 가면서 들었습니다.

(1) 좀 쉬다 / 올라갑시다.

(2) 맛을 보다 / 음식을 만들었습니다.

(3) 술만 마시지 말고 안주도 먹다 / 천천히 드세요.

(4) 사전을 찾다 / 신문을 읽으니까 시간이 많이 걸려요.

3

내비게이션을 보다 / 찾아갔습니다.

가: 그 회사에 처음 가신 건데 어떻게 찾았어요?
나: 내비게이션을 봐 가면서 찾아갔습니다.

(1) 쉬다 / 일하니까 그렇게 피곤하지 않아요.

일이 많아서 힘드시지요?

(2) 여행도 좀 하다 / 공부하세요.

한국에 와서 공부만 하니까 가끔 짜증이 나요.

(3) 여기저기 구경하다 / 돌아다녀서 그래요.

옷 한 벌 사는 데 시간이 두 시간이나 걸렸어요?

(4) 집안일도 하다 / 틈틈이 공부합니다.

집안일이 많을 텐데 언제 공부하세요?

4

여기 오다 / 불이 났는지 소방차가 지나가던데요.

여기 오다가 보니까 불이 났는지 소방차가 지나가던데요.

(1) 집에만 있다 / 점점 게을러지는 것 같아요.

(2) 요즘 너무 바쁘다 / 식사도 제때 하기가 힘들어요.

(3) 무리하게 다이어트를 하다 / 피부도 안 좋아지더라고요.

(4) 그 사람 말을 듣다 / 기분이 나빠졌어요.

5

보기

키우다 / 마치 가족 같아요.

가: 강아지를 무척 아끼시네요.
나: 키우다가 보니까 마치 가족 같아요.

(1) 한국말을 배우다 / 한국 문화에 대해서도 관심이 생기더군요.

수잔 씨는 한국 문화에 대해서도 많이 아시네요.

(2) 아, 읽다 / 옛날에 읽은 책이었어요.

벌써 책을 다 읽었어요?

(3) 날씨가 너무 덥다 / 일할 의욕이 안 나네요.

왜 그렇게 힘없이 앉아 있어요?

(4) 네, 워낙 불경기이다 / 손님이 별로 없네요.

요즘 장사가 안 되나 봐요.

단어 生词　　흔들다 挥动　청혼 求婚　물리치료 物理疗法　안주 下酒菜　짜증 烦躁
틈틈이 一有空　게으르다 懒　제때 按时　피부 皮肤　무척 相当　의욕 意欲
불경기 不景气

제22과　걷다 보니 자연과 하나가 되는 듯해요　195

안동 하회 마을

기   섭: 안동 하회탈을 벽에 걸어 두니까 장식으로 여간 좋지 않군요.

안토니: 저거요? 거래처 손님한테서 받은 선물인데 안동에서 직접 사 온 건가 봐요. 그분 말에 의하면 국보로 지정된 탈이라고 하던데요.

기   섭: 맞아요. 저도 안동 하회 마을에 한 번 가 본 적이 있는데 색다른 분위기였었어요. 그래서 더욱더 인상적이었지요.

안토니: 저는 가 본 일은 없지만 전통이 잘 보존된 곳으로 유명하다고 들었는데 어떻게 지금까지 양반 마을이 그대로 남아 있을 수 있었을까요?

기   섭: 강(하:河)이 근처를 돌아간다(회:回)는 의미에서 하회라는 이름이 생긴 것처럼 마을의 삼면이 낙동강으로 둘러싸여 있는 지리적 조건 때문에 전쟁 때 아무 피해도 입지 않았대요. 그래서 200여 채가 넘는 전통 가옥들이 옛날 모습을 간직할 수 있었던 거지요.

안토니: 기섭 씨는 듣던 대로 백과사전이시네요. 어떻게 그렇게 잘 아세요?

기   섭: 잘 알기는요. 안동에 갔을 때 들은 이야기예요.

안토니: 시간이 나면 한번 가 볼까 하는데 하회 마을말고도 근처에 좋은 곳이 있나요?

기   섭: 물론 있고말고요. 도산 서원이랑 안동댐도 유명해요.

안토니: 안동 소주는 추천 안 하세요?

기   섭: 그건 안동이 아닌 곳에서도 얼마든지 맛볼 수 있으니까 시간만 내세요.

1 안동의 하회 마을은 무엇으로 유명합니까?

2 "기섭 씨는 백과사전이시네요."의 의미는 무엇입니까?

3 '하회'라는 이름의 의미와 마을의 지리적 조건에 대해 쓰십시오.

단어 生词

- 안동 安东
- 탈 面具
- 국보 国宝
- 보존되다 保存
- 낙동강 洛东江
- 조건 条件
- 가옥 房屋
- 백과사전 百科全书
- 하회 마을 河回村
- 장식 装饰
- 지정되다 制定
- 양반 两班
- 둘러싸이다 被环绕
- 전쟁 战争
- 모습 模样
- 도산 서원 陶山书院
- 여간 一般
- 인상적 印象深刻
- 삼면 三面
- 지리적 地理上的
- -채 幢
- 간직하다 保留
- 추천 推荐

제23과 도시가 온통 축제 분위기네요

류 징: 어, 메구미 씨 아니세요? 여기 웬일이세요?
메구미: 저는 출장 중입니다. 영화제 취재하러 왔어요. 류징 씨는요?
류 징: 영화도 볼 겸 부산도 구경할 겸해서 친구하고 왔는데, 도시가 온통 축제 분위기네요.
메구미: 금년 영화제에 볼 만한 영화들이 많던데, 표는 구하셨어요?
류 징: 친구가 인터넷으로 예매했어요. 오전에 한 편 봤고 이따가 저녁에는 해운대에서 상영하는 영화를 볼 거예요.
메구미: 가을 바다에서 영화를 보는 것도 색다른 맛이 있겠네요. 그런데 서울에는 언제 올라가실 건가요?
류 징: 내일 가려고 하는데 다소 아쉽네요. 조금 더 시간을 낼 걸 그랬어요.

- 단어 生词

  - 영화제 电影节
  - 一편 部
  - 상영하다 上映
  - 다소 多少
  - 취재하다 报道
  - 축제 庆典
  - 색다르다 特别
  - 아쉽다 遗憾
  - 온통 整个
  - 해운대 海云台
  - 맛 味道

柳澄： 啊，这不是惠子吗？你怎么来这儿了？
惠子： 我来这里出差。是来报道电影节的。柳澄，你呢？
柳澄： 想看看电影，也想游览一下釜山这座城市，就和朋友一起来了。整个城市充满了节日的气氛。
惠子： 今年的电影节上，值得看的电影很多，买好票了吗？
柳澄： 朋友从网上买的。上午看了一部，一会晚上再去海云台看一场。
惠子： 在秋天的海边看电影，一定会别有一番情趣。你什么时候回首尔呢？
柳澄： 明天回去，还真有点恋恋不舍呢。应该多腾出点时间来才对。

语法

1 -겸

→ 用于两个名词之间或与动词的定语型词尾连用，表示"带有两种意义或目的"。与动词连用时，常以 '-(으)ㄹ 겸해서', '-(으)ㄹ 겸 -(으)ㄹ 겸해서' 的形式出现，表示此动作有两个以上的目的。'겸해서' 中的 '해서' 可以省略。

보기 11시쯤 아침 겸 점심을 먹었다.
11点左右把早饭和午饭合在一起吃了。

머리도 식힐 겸 바람도 쐴 겸해서 교외로 나가 보려고 합니다.
想去郊外清醒一下头脑同时吹吹风。

겸사겸사해서 미국에 다녀올까 합니다.
在考虑要不要顺便去一趟美国。

2 -(으)ㄹ 만하다

↳ 用于动词词干后，表示此行为值得、有价值。

보기 젊어 고생은 사서라도 해 볼 만합니다.
千金难买少年穷。

여행하면서 기억에 남을 만한 일은 없었습니까?
旅游时没有遇到什么令人印象深刻的事情吗？

그 일은 다른 사람에게 해 보라고 권할 만한 일이 아니에요.
那件事不值得向别人推荐。

3 -(으)ㄹ걸

↳ 用于动词词干后，表示话者对已经做过的事情感到后悔或叹息。后面一般不来表示尊敬的'-요'，但是如果有听者，后面可以加'그랬어' 或 '그랬어요'。

보기 그냥 내가 할걸. 괜히 부탁했다가 일이 더 번거롭게 됐네.
早知如此，自己做好了。托别人做，事情反而更复杂了。

이렇게 맛있는 게 많이 있는데 밥을 먹지 말고 올걸 그랬어요.
有这么多好吃的，不吃饭来就好了。

컴퓨터를 배워 둘걸. 일하는 데 이렇게 필요할 줄 몰랐네.
当初学了电脑就好了，没想到工作中这么需要电脑。

1

이 방은 거실 / 서재예요.

이 방은 거실 겸 서재예요.

공부도 하다 / 자료도 찾다 / 도서관에 다녀왔습니다.

공부도 할 겸 자료도 찾을 겸해서 도서관에 다녀왔습니다.

(1) 이건 소파 / 침대입니다.

(2) 살도 빼다 / 운동도 하다 / 테니스를 배우고 있어요.

(3) 시장 조사도 하다 / 구경도 하다 / 시장에 갔다 왔어요.

(4) 바람도 쐬다 / 맛있는 것도 사 먹다 / 교외로 나가려고 하는데요.

2

경치도 구경하다 / 가을 기분도 느끼다 / 이번에는 기차를 이용하기로 했어요.

가: 비행기로 가는 게 더 편하지 않아요?
나: 경치도 구경할 겸 가을 기분도 느낄 겸해서 이번에는 기차를 이용하기로 했어요.

(1) 여기는 제 작업실 / 놀이터거든요.

선생님 작업실을 아주 재미있게 꾸며 놓으셨네요.

(2) 해수욕도 하다 / 생선회도 먹다 / 이번에는 바다로 가려고 해요.

여름휴가는 어디로 갈 거예요?

(3) 네, 돈도 벌다 / 전공도 살리다 / 시작했습니다.

영어 번역을 하고 있습니까?

(4) 공부도 더 하다 / 재충전도 하다 / 외국 유학을 생각 중이에요.

세나 씨, 회사를 그만 두신다니 섭섭해서 어쩌죠? 계속 다니지 그래요?

3

보기

유치원 아이가 듣다 / 동요 시디를 사고 싶어요.

유치원 아이가 들을 만한 동요 시디를 사고 싶어요.

(1) 이 식당에서 먹어 보다 / 음식이 뭐예요?

(2) 투자하다 / 사업을 찾고 있어요.

(3) 태훈 씨는 믿다 / 사람입니다.

(4) 그 일은 우리가 관심을 가지다 / 일은 아닙니다.

4

보기

외국인들은 한번쯤 구경하다 / 곳입니다.

가 : 인사동은 어떤 곳이에요?
나 : 외국인들은 한번쯤 구경할 만한 곳입니다.

(1) 읽다 / 책이 없어서요.

왜 책을 안 사 가지고 왔어요?

(2) 특별히 할일이 없는데, 보다 / 영화가 있으면 소개해 주세요.

주말에 뭘 할 거예요?

(3) 그래요? 요가를 배우고 있는데 배우다 / 것 같아요.

요즘 살도 빠지고 건강해지신 것 같아요.

(4) 좀 힘들었지만 젊었을 때 해 보다 / 일이었어요.

작년에 해외 봉사 활동을 갔다 왔다면서요? 힘들었겠네요.

5

보기

지하철을 타다

지하철을 탈걸.

(1) 날씨가 꽤 추운데 두꺼운 옷을 입고 오다

(2) 신용카드 요금이 너무 많이 나왔네. 꼭 필요한 것만 사다

(3) 여드름을 짜지 말다

(4) 지석 씨한테 그 말을 하지 말다

6

보기

없는데, 갖고 오다

가 : 어머, 비가 오네. 혹시 우산 있어?
나 : 없는데, 갖고 올걸 그랬어요.

(1) 그래요? 아까 교통경찰한테 물어 보다

우리가 찾는 건물을 지나온 것 같은데요.

(2) 맞아. 딴 거 보다

이 영화 되게 재미없지?

(3) 값이 내릴 때까지 기다리다

요새 컴퓨터 가격이 많이 내렸대요.

(4) 이럴 줄 알았으면 점심 먹지 말다

마침 잘 오셨네요. 제가 만두를 만들었는데 같이 먹어요.

단어 生词　□ 서재 **书房**　□ 교외 **郊外**　□ 작업실 **工作室**　□ 해수욕 **海水浴**　□ 생선회 **生鱼片**　□ 전공 **专业**
　　　　　□ 재충전 **再充电, 进修**　□ 섭섭하다 **舍不得**　□ 동요 **童谣**　□ 투자하다 **投资**　□ 인사동 **仁寺洞**
　　　　　□ 여드름을 짜다 **挤粉刺**　□ 마침 **正好**

듣기

1. 듣고 맞는 그림을 고르십시오. 　　　 23-08
   听录音并选出正确的图片。

   ① 　　②

   ③ 　　④

2. 듣고 맞으면 O, 틀리면 X 하십시오. 23-09
   听下面的内容，对的画○，错的画×。

   (1) 지금 이 사람들은 해 뜨는 것을 보며 이야기하고 있습니다.
   (2) 두 사람은 1월 1일 아침에 해 뜨는 것을 보았습니다.
   (3) 오기 전에 다른 친구들에게도 같이 가자고 했습니다.
   (4) 날씨가 흐리고 좋지 않았습니다.
   (5) 해 뜨는 것을 보려고 밖에서 오래 기다렸습니다.

3. 듣고 질문에 대답하십시오. 听后回答问题。

   (1) 들은 내용에 있는 것을 2개 이상 고르십시오.

   　① 춘천의 날씨　　　　　　　② 춘천에 같이 간 친구 소개
   　③ 춘천까지의 교통수단　　　④ 춘천 여행을 하는 데 든 비용
   　⑤ 춘천 여행을 갔다 온 후의 생각

   (2) 이 사람이 춘천에서 간 곳을 차례대로 고르십시오.
   　① 식당　　　② 절　　　③ 호수　　　④ 박물관

제24과 대도시 한가운데로 큰 강이 흐르고 있는 게 신기해요

바 투: 한강변에 오면 공기가 다른 것 같아요. 서울 같은 대도시 한가운데로 이렇게 큰 강이 흐르고 있는 게 신기해요.

친 구: 그래요? 우리는 항상 봐서 그런지 그런 생각을 별로 안 해 봤는데…….

바 투: 강도 아름답고 운동장이며 산책로며 주위를 잘 꾸며 놓은 것도 마음에 들어요. 여기 외에도 한강에 공원이 많다던데 가 보셨어요?

친 구: 아니요, 오히려 서울에 사는 사람들이 잘 모르는 것 같아요.

바 투: 날씨도 좋은데 이렇게 앉아서 얘기만 할 게 아니라 유람선이라도 타러 갈까요? 지난번에 타려다가 시간이 안 맞아서 못 탔잖아요.

친 구: 그럴까요? 저쪽에 매표소가 있던데 그리로 가 봅시다.

● 단어 生词

- 한강변 汉江边
- 흐르다 流淌
- 꾸미다 妆扮
- 유람선 游览船
- 대도시 大城市
- 신기하다 新奇
- -외에도 除……以外
- 매표소 售票处
- 한가운데 正中间
- 산책로 散步路
- 오히려 反而

巴图： 来到汉江边上，感觉空气都不一样了。像在首尔这样的大城市中间流淌着这么大的江真是新奇。

朋友： 是吗？我们也许是习以为常了，所以没有那样的感觉。

巴图： 汉江很美，周围的运动场、可供散步的小路等设施也弄得让人很惬意。听说除了这里，汉江边上还有许多公园，你都去过吗？

朋友： 没有，居住在首尔的人反而不太知道这些公园。

巴图： 天气这么好，我们别光坐着聊天了，去坐游览船吧。上次想去坐来着，可是时间不够就没有去。

朋友： 好啊，卖票的地方在那儿，我们去那儿买票吧。

 语法

1 -(이)며

→ 连接助词，列举或罗列两个以上事物或事实时使用。表示要罗列的名词很多且之外还有很多其他的。

보기 공공요금이며, 생필품 값이며 모두 많이 올랐습니다.
公共费用，生活用品等都涨价了。

환갑잔치에 가족들이며 친척들이며 어쩌면 그렇게 많이 모였어요?
60大寿宴会上家人啦，亲戚啦，来的人可真多啊。

공부하는 거며 숙제하는 거며 나무랄 데가 없는 학생이에요.
他不管是学习还是写作业，都无可挑剔的好学生。

2 -(으)ㄹ 게 아니라

↳ 表示话者向听者传达"与前面的动作相比,后面的动作更好"。

보기 그렇게 나쁘게만 생각할 게 아니다.
不能老往坏处想。

가만히 있을 게 아니라 무슨 대책이라도 세워야겠다.
不能坐以待毙,应该想个对策才是。

도둑이 들어왔었다고? 그럼 이러고 있을 게 아니라 어서 경찰에 신고하자.
有小偷进来过?那不能这样呆着赶紧报警吧。

3 -(으)려다가

↳ 表示"本来要做前半句的动作,可是却变成了后半句的动作"。

보기 그는 뭔가 말을 하려다가 그만두는 눈치였어요.
他好像想说什么可是又打住了似的。

레슬링 경기 도중 한 선수가 상대편 선수를 쓰러뜨리려다가 오히려 자기가 쓰러졌습니다.
摔跤比赛中,一个选手本想摔倒对方,没想到自己却被摔倒了。

갑자기 날씨가 추워져서 꽃이 피려다 말았다.
天气突然变冷,本来要开的花开不了了。

1

보기

이 옷은 색깔 / 디자인 / 가격까지 다 마음에 들어요.

이 옷은 색깔이며 디자인이며 가격까지 다 마음에 들어요.

(1) 요즘 아이들은 영어 / 운동 / 악기 / 배우는 게 얼마나 많은지 몰라요.

(2) 외국어를 할 때는 발음 / 억양 / 신경을 쓸 게 많아요.

(3) 결혼 준비를 하는데 가구 / 전자제품 / 선물 / 준비할 게 한두 가지가 아니에요.

(4) 저 가수는 노래 / 춤 / 스타일 / 모두 완벽한 것 같아요.

2

보기

장보는 거 / 청소하는 거 / 얼마나 일이 많다고요.

가: 손님 몇 분 초대해 놓고 하루 종일 준비하세요?
나: 장보는 거며 청소하는 거며 얼마나 일이 많다고요.

(1) 말씨 / 웃는 모습 / 어머니를 많이 닮았어요.

효주를 보면 돌아가신 효주 어머님 생각이 나요.

(2) 집 / 땅 / 부모한테서 물려받은 재산이 많다나 봐.

그 사람이 대단한 부자라면서?

(3) 그러네요. 모양 / 기능 / 구 모델보다는 훨씬 좋아졌는데요.

이 스마트폰 예쁘죠? 나도 하나 사고 싶어요.

(4) 생각하는 거 / 좋아하는 거 / 너무 맞지 않아서요.

영철씨랑 왜 헤어졌어요?

3

보기

기다리고만 있다 / 나가서 아이를 찾아봅시다.

기다리고만 있을 게 아니라 나가서 아이를 찾아봅시다.

(1) 책장을 여기 놓다 / 거실에 내놓는 게 나을 것 같은데…….

(2) 인터넷만 뒤지다 / 직접 가서 알아보는 게 어때요?

(3) 동네 병원만 다니다 / 큰 병원으로 가야 되는 거 아니에요?

(4) 우리끼리만 걱정하다 / 다른 사람들에게 도움을 청하는 게 어때요?

4

보기

여기에서 이러고만 있다 / 저쪽에 가서 사진이라도 찍읍시다.

가 : 여기는 벚꽃 구경하는 사람이 너무 많네요.
나 : 여기에서 이러고만 있을 게 아니라 저쪽에 가서 사진이라도 찍읍시다.

(1) 이렇게 얘기만 하다 / 이번 주말에 등산을 가는 게 어때요?

요즘 꽃이 많이 피어서 산에 가면 경치가 좋을 것 같아요.

(2) 이러고 있다 / 빨리 구급차를 부릅시다.

아무래도 너무 배가 아파요. 맹장염인 것 같아요.

(3) 집에서 구경만 하다 / 나가서 눈사람이라도 만들어 보자.

밖을 좀 봐. 눈이 펑펑 쏟아지네.

(4) 우리끼리 하다 / 다른 부서에 도움을 청해야겠군.

부장님, 거래처에서 주문이 얼마나 많이 들어왔는지 몰라요. 어떻게 하죠?

5

주차비 아끼다 / 오히려 돈을 더 쓰게 됐구나.

가 : 주차비 아끼려고 차를 길에 세워 놓았다가 벌금을 내게 됐어요.
나 : 주차비 아끼려다가 오히려 돈을 더 쓰게 됐구나.

(1) 너 살 빼다 / 병난다. 먹어 가면서 해라.

난 다이어트 중이라서 안 먹을래요.

(2) 웬걸요, 도와 드리다 / 오히려 폐만 끼쳤어요.

김 선생님 이사하는 데 가서 많이 도와 드렸어요?

(3) 혹 떼다 / 혹 붙이고 왔구나.

친구한테 도와 달라고 부탁하러 갔다가 내가 친구 일을 돕게 됐어요.

(4) 일찍 오다 / 더 늦었군요.

늦을까 봐 택시 탔는데 택시도 안 잡히고, 길도 막히고……

단어 生词

□ 악기 乐器 □ 억양 语调 □ 완벽하다 完美 □ 장보다 逛市场 □ 물려받다 继承（遗产）
□ 재산 财产 □ 책장 桌子 □ 뒤지다 (电脑)搜索 □ 청하다 寻求（帮助）
□ 벚꽃 樱花 □ 맹장염 盲肠炎 □ 펑펑 纷纷（雪很大的样子） □ 쏟아지다 洒落
□ 부서 部门 □ 주차비 停车费 □ 폐를 끼치다 添麻烦 □ 혹 瘤 □ 떼다 摘下

이럴 때 어떻게 하시겠습니까?

다음과 같은 일이 일어나면 어떻게 하시겠습니까? 이야기해 봅시다.
如果出现下列情况的时候，你会怎么办呢？

(1) 중국집에 짜장면을 시켰는데 배달원이 짬뽕을 가져왔습니다.
(참고 : 짜장면은 6,000원, 짬뽕은 8,000원입니다.)

(2) 친구가 당신이 아끼는 카메라를 하루만 빌려 달라고 합니다.

(3) 길에서 어떤 사람이 당신을 알아보고 반가워하는데, 당신은 전혀 생각이 나지 않습니다.

(4) 당신이 마음으로 좋아하고 있는 사람이 당신에게 여자 친구나 남자 친구를 소개시켜 주겠다고 합니다.

(5) 지하철에서 당신과 똑같은 옷을 입은 사람을 보았습니다.

(6) 주식에 대해서 잘 모르는데, 요즘 주식 값이 오르고 너도나도 주식에 투자합니다. 얼마 전 적금이 끝나서 당신에게 목돈이 생겼습니다.

(7) 남자 친구 지갑에 전에 사귀던 여자 친구 사진이 있는 것을 보았습니다.

(8) 당신의 아이가 당신 지갑에서 몰래 돈을 조금씩 가지고 가는 것을 알았습니다.

(9) 당신이 열심히 준비한 보고서를 과장님이 자신이 쓴 거라고 부장님께 말한 것을 알았습니다.

(10) 병원에서 건강 검진을 받았습니다. 의사 선생님이 큰 병에 걸려서 앞으로 3개월만 살 수 있다고 합니다.

한국 문화 엿보기　了解韩国文化

韩国的行政区划

韩国的行政区划包括一个特别市（首尔），六个广域市，8个道（京畿，江原，忠北，忠南，全北，全南，庆北和庆南）和一个特别自治道（济州岛）。市下设区或郡，道下设市或郡，区下设洞，郡下设邑或面，邑或面下设里。下面是韩国的行政区划图。

제25과 편히 살려고 만든 것들이 문제를 만드는군요

수 지: 저기 전광판에 현재 오존주의보가 발령됐다는 안내문이 나오네요.
이 대리: 오늘 날씨가 더운 데다가 바람도 별로 없잖아요. 보통 이런 날 그러더라고요.
수 지: 공기 중에 오존이 많아지는 게 대부분 자동차 배기가스 탓이라고 하던데 도로에 차가 되게 많기는 많네요.
이 대리: 그 말을 들으니 자동차에서 에어컨까지 켜고 있는 게 왠지 미안한데요. 우리 에어컨 끄고 창문 활짝 열까요?
수 지: 이럴 때에는 건강에 안 좋을까 봐 될 수 있으면 외출도 하지 말라고 하는데 창문을 열면 어떻게 해요?
이 대리: 참, 그렇죠. 편히 살려고 만든 것들이 오히려 새로운 문제를 만드는군요.

● 단어 生词

□ 전광판 电子屏幕
□ 발령되다 发布
□ 활짝 敞开
□ 새롭다 新

□ 현재 现在
□ 배기가스 汽车尾气
□ 외출하다 外出

□ 오존주의보 臭氧注意警报
□ 되게 非常
□ 편히 舒服，便利

秀智 ： 那儿的电子屏幕上发布了臭氧注意警报。
李代理 ： 今天气温高，而且没有风。一般这样的天儿发布臭氧气注意警报。
秀智 ： 都说空气中臭氧的增加是由汽车尾气造成的，路上的车是够多的。
李代理 ： 听你这么说，我都觉得车里开着空调是一种罪过了。我们关了空调打开车窗吧。
秀智 ： 这种情况下都说尽量减少外出，避免对身体造成伤害，怎么能打开车窗呢？
李代理 ： 哎呀，也是。本是为了便捷生活而制造的东西，现在反而造成了新的问题啊。

1 - 탓

→ 用于名词或谓词词尾 '-(으)ㄴ/는' 后，表示是某件事情的 "原因"。'- 덕분에'(参照中级1第21课) 主要表示积极的原因，'탓' 主要表示消极的原因。

보기 날씨 탓인지 요즘은 통 입맛이 없어요.
不知是否是天气的原因, 最近一点胃口都没有。

제가 부족한 탓에 일이 이렇게 된 것 같아요.
都是我太无能让事情成了这样。

'잘되면 내 탓, 잘못되면 조상 탓'이라고 생각하는 사람이 있다.
有人常这样想：成是我的功劳，败是祖上的过错。

2 -(으)ㄹ까 봐서

↳ 表示"想""推测"的'보다'以'-(으)ㄹ까 봐서'格式出现时，表示对不希望的行为、情况有所担心而采取了后一行动。相当于汉语的"担心""害怕"。'서'常被省略。

보기 우리 아이가 어제 입학시험을 보았는데 떨어질까 봐 걱정이에요.
我的孩子昨天参加了入学考试，很担心落榜。

제시간에 도착하지 못할까 봐서 택시를 탔어요.
担心不能按时到，打车去的。

겉으로는 괜찮은데, 혹시 머리가 다쳤을까 봐 사진을 찍어 봤어요.
表面上没有什么，就是担心头部受了伤，所心拍了照。

3 -(으)면 어떻게 해요?

↳ 用于动词词干后，含有对他人的行为或言行表示埋怨、指责的意思，或对某种事情表示不满。

보기 11시 비행기인데 지금 오면 어떻게 해요?
飞机11点起飞，怎么现在才来啊？

그분은 그렇게 자주 약속을 지키지 않으면 어떻게 해요?
那个人老是爽约，烦人。

어제까지는 된다고 하고서 지금 안 된다고 하면 어떻게 해요?
昨天说可以，今天又说不可以，真是的。

1

감기약 / 자꾸 졸려요.

감기약 탓에 자꾸 졸려요.

제가 바빠서 신경을 쓰지 못했다 / 아이가 폐렴에 걸렸어요.

제가 바빠서 신경을 쓰지 못한 탓에 아이가 폐렴에 걸렸어요.

(1) 저 가수는 노래는 잘하는데 외모 / 인기가 없는 것 같아요.

(2) 그 사람은 성격이 급하다 / 손해를 볼 때가 많아요.

(3) 우리 집에는 딸이 없다 / 재미가 없어요.

(4) 무리해서 운동을 했다 / 여기저기 아파요.

2

위치가 좋지 않다 / 손님이 별로 없어요.

가: 저 가게는 장사가 잘 안 되는 것 같아요.
나: 위치가 좋지 않은 탓에 손님이 별로 없어요.

(1) 지난번 시험이 어렵다 / 학생들 성적이 안 좋았어요.

학생들이 성적이 나쁘네요.

(2) 성격이 내성적이다 / 친구가 없어요.

창훈이는 늘 혼자 노는 것 같아요.

(3) 네, 규정이 자주 바뀌다 / 혼란을 겪고 있습니다.

운전면허 시험 규정이 또 바뀌었습니까?

(4) 일이 많다 / 시간을 내기가 어렵네요.

요즘은 왜 운동하러 안 가세요?

3

아이가 유리병을 만지다 / 치워 놓았어요.

아이가 유리병을 만질까 봐 치워 놓았어요.

(1) 사실대로 말하면 야단을 맞다 / 거짓말을 했어요.

(2) 장사가 잘 되지 않다 / 걱정이에요.

(3) 들으면 기분이 나쁘다 / 말하지 않았어요.

(4) 어제 이 책을 선물로 사면서, 재호 씨가 이 책을 샀다 / 걱정했어요.

4

저는 잊어버리다 / 다 적어 놓아요.

가 : 메모를 열심히 하시는군요.
나 : 저는 잊어버릴까 봐 다 적어 놓아요.

(1) 무서운 장면이 나오다 / 떨려서 못 보겠어요.

영화를 보다가 왜 나가세요?

(2) 나갔다 오는 사이에 비가 오다 / 닫아 놓는 거예요.

잠깐 나가는데 왜 창문까지 닫으세요?

(3) 아이가 깨다 / 낮추어 놓았어요.

왜 전화 소리를 낮추어 놓았어요?

(4) 그래, 떨어졌다 / 좀 가져왔다.

어머니, 아직 밑반찬이 남았는데 또 가져오셨어요?

5 보기

난 아직 보지도 않았는데 버리다

가: 지난주에 온 우편물은 버렸는데요.
나: 난 아직 보지도 않았는데 버리면 어떻게 해요?

(1) 같이 하기로 하고서 중간에 포기하다

미안하지만, 저는 아무래도 포기해야겠어요.

(2) 비밀이라고 했는데 금방 말해 버리다

제가 현주 씨한테 말했는데요.

(3) 불고기에다 설탕을 안 넣다

불고기 양념에 설탕을 안 넣었어요.

(4) 이렇게 복잡한 길에서 차를 막고 있다

저 앞에서 음주 운전 단속을 하는데요.

단어 生词 □ 폐렴 肺炎 □ 인기 人气 □ 손해 吃亏 □ 위치 位置 □ 내성적 性格内向 □ 규정 规定
□ 혼란 混乱 □ 겪다 经受 □ 장면 场面 □ 떨리다 发抖 □ 깨다 醒 □ 막다 堵
□ 음주 운전 酒驾 □ 단속 管制

제25과 편히 살려고 만든 것들이 문제를 만드는군요 219

한국의 동전

지금 주머니 속에 동전이 몇 개쯤 들어 있습니까? 거스름돈으로 받기도 하고, 자동판매기에서 음료수를 마시려고 하루에도 몇 번씩 나왔다가 들어갔다가 하는 동전들. 없어서는 안 될 필수품인데도 사용되는 횟수에 비해서는 사람들의 관심을 끌지 못합니다. 여러분은 어떠신가요? 지금이라도 지갑 속의 동전을 꺼내서 한번 살펴봅시다.

10원짜리 동전에 있는 그림은 불국사에 있는 국보 제20호인 다보탑입니다. 다보탑의 부드러운 선 안에 건강과 행복을 바라는 마음이 들어 있습니다.

한국은 쌀이 주식인 나라입니다. 쌀알이 보기 좋게 달려 있는 50원짜리 동전의 그림은 풍년을 기원하는 농부의 마음일 겁니다.

100원짜리 동전에는 거북선을 만들었던 이순신 장군의 얼굴이 있습니다. 나라를 사랑했던 그분의 충성심을 동전 속에 새겨 두었습니다.

500원짜리 동전의 그림은 행운의 새인 학입니다. 예전에는 흔히 볼 수 있었지만 요즘은 천연기념물로 보호받고 있지요. 이 안에는 자연을 사랑하는 마음과 희망이 들어 있습니다.

이 외에도 거북선 그림의 5원짜리 동전과 무궁화 그림의 1원짜리 동전도 있는데 요즘은 거의 사용되고 있지 않습니다.

1 관계있는 것끼리 연결하십시오.

(1) 10원짜리 동전 •   • 쌀   • 나라를 사랑하는 마음

(2) 50원짜리 동전 •   • 다보탑   • 건강과 행복을 바라는 마음

(3) 100원짜리 동전 •   • 학   • 자연을 사랑하는 마음과 희망

(4) 500원짜리 동전 •   • 이순신 장군   • 풍년을 기원하는 마음

2 여러분 나라의 동전을 가지고 와서 보여 주고 이야기해 보십시오.

단어 生词

- 자동판매기 自动售货机
- 살피다 观察
- 쌀알 米粒
- 농부 农夫
- 충성심 衷心
- 학 鹤
- 보호하다 保护
- 필수품 必需品
- 다보탑 多宝塔
- 풍년 丰年
- 거북선 龟船
- 새기다 刻
- 흔히 常
- 희망 希望
- 횟수 次数
- 주식 主食
- 기원하다 祈愿
- 이순신 장군 李舜臣将军
- 행운 幸运
- 천연기념물 天然纪念物
- 무궁화 无穷花

제25과 편히 살려고 만든 것들이 문제를 만드는군요 221

제26과 우리끼리라도 벼룩시장을 열어 보는 건 어때요?

26-01

수 지 : 제 친구가 갑자기 귀국하는 바람에 가지고 있던 물건들을 정리하려고 하는데 혹시 옷장이나 침대 필요하지 않아요?

류 징 : 그렇지 않아도 옷장이 하나 있었으면 좋겠다고 생각했는데, 마침 잘됐네요. 하지만 제가 가져다 써도 될까요?

수 지 : 그럼요. 괜찮다니까요. 필요한 사람을 찾아서 제 친구도 좋아할 거예요.

류 징 : 그런가요? 제가 가지고 있는 물건 중에도 안 쓰는 게 있는데 이 기회에 우리 친구들끼리라도 벼룩시장을 열어 보는 건 어때요?

수 지 : 좋은 생각이에요. 누구에게나 그런 물건이 한두 개쯤 있을 테니까. 미국에서도 그런 데 가 보면 의외로 괜찮은 물건이 많았어요.

류 징 : 요즘 사람들이 쓸 만한 것도 막 버려서 아까울 때가 많았는데 이렇게 서로 나눠쓸 수 있는 기회가 많아졌으면 좋겠어요.

● 단어　生词

　□ 정리하다　整理　　　　□ 마침　正好　　　　□ 잘되다　太好了
　□ 벼룩시장　二手市场　　□ 의외로　意外地　　□ 막　随便

秀智： 我朋友因为突然要回国，正在整理东西，你需要衣柜和床吗？
柳澄： 我还真需要一个衣柜，太好了。可是我可以拿去用吗？
秀智： 当然啦，没关系的。找到了需要那些东西的人，我朋友也会高兴的。
柳澄： 是吗？我也有一些不用的东西，趁这个机会我们也搞个二手市场如何？
秀智： 好主意，谁都有一两件不用的东西。在美国，去二手市场，意外地也能发现很多不错的东西。
柳澄： 现在的人们经常把还能用的东西随便扔掉，实在是可惜，如果有更多这样能互换东西使用的机会就好了。

　　　　　　　　　　　　　　　　　　　　　　　　　　　　　　　　　　　　语法

1 -는 바람에

↳ 不完全名词'바람'用于动词的定语形词尾'-는'之后，表示前半句是形成后一结果的原因或根据。主要用于因意外原因而造成了与预想不同的结果时，也常用于找借口或辩解时。

　보기　태풍이 오는 바람에 낚시하러 못 갔어요.
　　　　因为台风登陆，所以没能去钓鱼。

　　　　시계가 울리지 않는 바람에 회사에 지각했어요.
　　　　因为闹钟没响，所以上班迟到了。

제26과　우리끼리라도 벼룩시장을 열어 보는 건 어때요？

아이가 우는 바람에 제가 정신이 없어서 가방을 버스에 놓고 내렸어요.
孩子哭得我一着急就把包丢在车上了。

2 -아/어다가

↳ 连接词尾。用于动词词干后，表示前后动作的顺序。行为者带着前一动作的结果，到另一场所进行与前一动作有关的行为，因此前后行为的场所有所不同，但主语是相同的，'가'可以省略。

보기 냉장고에 있는 과일을 꺼내다가 깎아 드세요.
把冰箱里的水果拿出来削削吃吧。

산에서 꽃을 꺾어다가 방에 꽂았습니다.
在山上折了几枝花，插到房间里了。

누가 아침마다 아이를 어린이집에 데려다 줘요?
谁每天早上送孩子去幼儿园？

3 -다니까요

↳ 间接引语'-다고 하다'和'-니까요'连接在一起，并省略了'고 하'而形成的一种表达方法。用于再次强调自己的想法或打算，也用于向对方再次传递自己的意志时。可与其他间接引语连用。

보기 금방 시작한다니까요.
马上就要开始了。

어제는 아파서 도저히 갈 수 없었다니까요.
昨天病得太厉害了，实在是去不了了。

약속하신 대로 해 달라니까요.
让你按照约定的去做。

句型练习

1

보기

위에서 물건이 떨어지다 / 다리를 다쳤습니다.

위에서 물건이 떨어지는 **바람에** 다리를 다쳤습니다.

(1) 정전이 되다 / 어젯밤에 공부하지 못했습니다.

(2) 부모님이 이혼하다 / 아이들이 헤어져 살게 됐어요.

(3) 비행기가 연착되다 / 약속 시간에 늦었습니다.

(4) 그 선수가 부상을 당하다 / 중요한 경기에 나가지 못했어요.

2

보기

사고는 아니고 버스가 갑자기 서다 / 넘어졌어요.

가 : 버스 사고가 있었어요?
나 : 사고는 아니고 버스가 갑자기 서는 바람에 넘어졌어요.

(1) 아니요, 갑자기 배탈이 나다 / 못 갔어요.

지난번 동창회에 갔다 왔어요?

(2) 급한 일이 생기다 / 그렇게 되었습니다.

갑자기 계획을 취소하면 어떻게 합니까?

제26과 우리끼리라도 벼룩시장을 열어 보는 건 어때요? 225

(3) 아니요, 자동차가 고장 나다 / 고속버스로 갔다 왔어요.

시골에 갈 때 직접 운전해서 갔다 오셨어요?

(4) 네, 대기업에서 부도가 나다 / 중소기업들이 피해를 많이 봤어요.

요즘 신문을 보면 중소기업들이 어려운가 봐요.

3

보기

수박을 사다 / 먹읍시다.

수박을 사다가 먹읍시다.

(1) 도서관에서 책을 빌리다 / 읽었습니다.

(2) 쟁반 좀 가지다 / 주시겠어요?

(3) 자동판매기에서 커피를 뽑다 / 드릴까요?

(4) 은행에서 돈을 찾다 / 하숙비를 내려고 합니다.

4

보기

이 자료 10장씩 복사하다 / 스테이플러로 찍어 주시겠어요?

가 : 이 대리님, 바쁘신 것 같은데 뭐 좀 도와 드릴까요?
나 : 이 자료 10장씩 복사해다가 스테이플러로 찍어 주시겠어요?

(1) 그럼 슈퍼에서 사다 / 끼워야겠네요.
형광등이 깜빡깜빡하네요.

(2) 그럼 빨리 찾다 / 입으세요.
양복을 세탁소에 맡겼는데…….

(3) 생수를 사다 / 마시고 있어요.
식수는 뭐로 하세요?

(4) 가지다 / 부장님 책상 위에 놓으세요.
보고서를 다 썼는데 어떻게 할까요?

5

보기

여기는 출입 금지 구역이다

가: 이쪽으로 해서 가면 안 돼요?
나: 여기는 출입 금지 구역이라니까요.

(1) 몇 번이나 말했잖아요. 정미 씨는 지금 여기 없다
정미 씨한테 꼭 할 얘기가 있으니까 좀 바꿔 주세요.

(2) 저도 모르다
아실 텐데 왜 안 가르쳐 주시는 거예요?

(3) 그렇게 멀지 않다
걸어서 15분이나 걸리면 택시로 갑시다.

(4) 보호자가 아니면 면회가 안 되다
그냥 보기만 할 테니까 환자를 한 번만 만나게 해 주세요.

단어 生词   □다치다 受伤 □정전 停电 □연착되다 误点 □당하다 遭遇 □경기 比赛 □고속버스 长途汽车
□중소기업 中小企业 □쟁반 托盘 □복사하다 复印 □스테이플러 订书机 □끼우다 插
□형광등 日光灯 □깜빡깜빡하다 一闪一闪 □생수 矿泉水 □식수 饮用水
□출입 금지 禁止出入 □구역 区域 □면회 探视

제26과   우리끼리라도 벼룩시장을 열어 보는 건 어때요?   227

듣기

1 듣고 관계있는 말을 골라 쓰십시오.　听后选择有关联的词写在下画线上。

> 쓰레기문제　　대기오염　　수질오염　　자연에너지　　지구 온난화

(1) _____

(2) _____

(3) _____

2 듣고 질문에 대답하십시오.　听后回答问题。

(1) 듣고 맞으면 O, 틀리면 X 하십시오.

　① 지구에 사는 인구가 옛날에 비해 많이 늘어났다.
　② 사람들은 먹기 위해 많은 동물들을 키우고 있다.
　③ 동물들을 키울 때 많은 양의 곡식이 필요하지 않다.
　④ 사람들은 점점 고기를 먹지 않고 있다.

(2) 식량 문제를 해결하기 위해서 어떻게 해야 합니까?

　① 곡식을 먹지 않는다.　　　　② 더 많은 동물을 키운다.
　③ 고기를 먹지 않는다.　　　　④ 식량을 더 잘 보관한다.

3 듣고 이어지는 말을 고르십시오.　听后找出合适的句子，完成对话。

(1)

　① 같이 가게 되는 바람에 더 재미있었어요.　② 같이 가자고 할 걸 그랬네요.
　③ 그렇게 하면 어떻게 해요?　　　　　　　　④ 모를까 봐서 얘기해 주려고요.

(2)

　① 정말 여긴 멋있는 건물들을 지을 만한 곳이야.
　② 이런 숲들이 없어지는 바람에 건물을 지을 따름이지.
　③ 자연을 함부로 대하면 그 피해는 우리에게 오기 마련일 텐데.
　④ 역시 기분전환하기에는 여행을 따를 게 없는 것 같아.

한국 문화 엿보기　了解韩国文化

垃圾分类处理

在韩国，垃圾可分为一般垃圾、可回收垃圾、厨房垃圾以及大件垃圾，并且规定了丢弃的场所和时间。

一般垃圾：装在塑料袋内丢弃。

可回收垃圾：可分为纸张、塑料、塑料泡沫、玻璃瓶、铝制易拉罐、旧铁等几类丢弃。现在很多公共场所也设置了分类垃圾桶，以便人们分类丢弃垃圾。

厨房垃圾：厨房垃圾需装在塑料袋内丢弃。有厨房垃圾收集桶的小区，可以把垃圾直接倒到桶里。

家具·电子产品：居民可以到所在的街道办事处根据家具的体积大小买票，然后把所购买的票贴在家具上，按规定时间放置在规定场所即可。

제27과 햇빛을 이용해서 전기를 만드는 거 말이에요

27-01

한부장 부인 : 저기 있는 집들 지붕 위의 반짝이는 판들이 뭐니?

지 원 : 아, 저거요? 태양광 발전 시설 아니에요? 햇빛을 이용해서 전기를 만드는 거 말이에요. 요즘 다니다가 보면 종종 보이던데.

한부장 부인 : 태양광 발전? 나는 그냥 햇빛을 가리는 시설인 줄 알았는데.

지 원 : 환경을 생각하면 앞으로는 태양 에너지뿐만 아니라 다른 자연 에너지를 더 많이 이용해야 한다잖아요.

한부장 부인 : 오다가 보니까 건물을 짓고 도로를 만드느라고 여기저기 산을 깎아 놓아서 걱정이 됐는데 이런 노력들도 하고 있다니 좀 안심이 되네.

지 원 : 자연을 함부로 다루면 언젠가 그 피해는 사람에게 돌아오기 마련이라는데, 자연하고 사람이 같이 잘 살 수 있는 방법을 찾아야지요.

◉ 단어 生词

- 지붕 房顶
- 태양광 太阳光
- 가리다 遮
- 안심이 되다 安心
- 언젠가 总有一天
- 반짝이다 明闪闪发光
- 발전 发电
- 환경 环境
- 함부로 随便
- 피해 受灾
- 판 板
- 종종 不时
- 노력 努力
- 다루다 对待

韩部长夫人：	那些房顶上一闪一闪的板是什么啊？
智媛：	是那个吗？是太阳能发电设施吧？就是利用阳光发电。最近非常常见。
韩部长夫人：	太阳能发电。我以为是用来遮阳的呢。
智媛：	不是说为了环保，以后不仅要多利用太阳能，而且要更多地利用其他自然能源嘛？
韩部长夫人：	来的路上看到，为了盖大楼、修路把很多山都给推平了，还有点儿担心呢。现在看到大家为了环保这样努力着，稍微安下心了。
智媛：	和自然做对的话，自然必定会把灾难再还给人类的，人应该寻找和自然和平相处的方法才是。

1 -(으)ㄴ 줄 알았다

→ 表示打算、事态的不完全名词 '줄' 与动词定语形词尾 '-(으)ㄴ/는/(으)ㄹ' 相结合，表示知道、了解。即对以前误认的事，现在有了正确的了解，完全知道了。

보기 처음에 미숙 씨 얼굴만 보고 외국 사람인 줄 알았어요.
刚开始，美淑的长相让我还以为她是外国人呢。

오지 않을 줄 알았는데 오셨군요. 以为你不来了呢。

이제까지 그 친구가 죽은 줄 알고 있었어요. 我还以为那个朋友死了呢。

제27과 햇빛을 이용해서 전기를 만드는 거 말이에요 231

2 -느라고

→ 用于动词词干后，表示前半句是后半句的理由或目的。表示理由时,在同一时间，因前一行为的进行而给行为者带来了不利的结果，前后行为者应为同一人，前后时间也应保持一致。后面不能出现祈使句。

보기 손님 대접을 하느라고 저는 제대로 먹지 못했습니다.
光顾着招待客人了，我都没有吃好。

집수리를 하느라고 돈을 많이 썼습니다.
装修房子花了很多钱。

군대에 갔다 오느라고 대학 졸업하는 데 7년이나 걸렸습니다.
因为服兵役，大学上了7年才毕业。

*表示"目的"时，动作发出者做后半句的动作是为了实现前半句的动作。为了实现该目的，动作发出者必须或者故意做后半句的动作。

보기 남대문 시장에 가느라고 버스를 두 번이나 갈아탔어요.
为了去趟南大门市场，换乘了两次。

고향에 갔다 오느라고 휴가를 얻었습니다.
回了一趟老家，所以申请了休假。

한국 신문을 읽느라고 옥편을 샀어요.
为了读韩国报纸，买了一本字典。

3 -기 마련이다

→ 用于动词词干后，表示"总是""必然"，有时以'-게 마련이다'形态出现，但常以'-(으)면 -기 마련이다'形态使用。

보기 윗사람이 모범을 보이면 아랫사람은 다 따라오기 마련이야.
上如行，下必效。

돈이 없어도 다 살기 마련이니까 너무 걱정하지 마세요.
没有钱也能活下去，所以不必担心。

여기에 크게 붙여 놓으면 누구라도 보게 마련이에요.
大大地贴在这儿，谁都会看得到的。

유형연습

1

보기

미숙 씨가 저한테 친절하게 해 주셔서 저를 좋아하다 / 알았어요.

미숙 씨가 저한테 친절하게 해 주셔서 저를 좋아하는 줄 알았어요.

한국말을 모르다 / 알고 영어로 말했어요.

한국말을 모르는 줄 알고 영어로 말했어요.

(1) 할아버님께서 너무 젊어 보이셔서 큰아버지이다 / 알았어요.

(2) 입사 시험이 너무 어려워서 떨어지겠다 / 알았어요.

(3) 남자 친구하고 헤어졌다 / 알고 데이트 신청을 했어요.

(4) 매운 음식을 먹지 않다 / 알고 싱거운 것만 준비했는데요.

2

보기

저도 처음에는 쌍둥이이다 / 알았어요.

가 : 형하고 동생이 굉장히 많이 닮았지요?
나 : 저도 처음에는 쌍둥이인 줄 알았어요.

제27과 햇빛을 이용해서 전기를 만드는 거 말이에요 233

(1) 죄송해요. 다 잡수셨다 / 알았어요.

왜 제 그릇을 치웠어요?

(2) 그래? 나는 창수가 처음 출마해서 당선되기 어렵겠다 / 알았는데.

우리 동창 서창수가 이번에 국회의원에 당선됐대.

(3) 오시겠다 / 알고 기다렸지요.

왜 가지 않고 한 시간이나 기다렸어요?

(4) 한국에 계시다 / 알고 전화했어요.

지난주에 저희 사무실에 전화하셨다면서요?

3

삼계탕을 먹다 / 땀을 뻘뻘 흘렸어요.

삼계탕을 먹느라고 땀을 뻘뻘 흘렸어요.

(1) 저희들을 키우시다 / 어머니가 고생을 많이 하셨어요.

(2) 반대하시는 부모님을 설득하다 / 힘이 들었습니다.

(3) 어제 친구를 만나다 / 저녁 뉴스를 못 들었어요.

(4) 이 양복에 맞추다 / 넥타이를 새로 샀어요.

4

이사하다 / 힘들었겠네요.

가: 저 지난주에 이사했습니다.
나: 이사하느라고 힘들었겠네요.

(1) 어제 보고서를 쓰다 / 밤을 새웠거든요.

얼굴이 피곤해 보이네요.

(2) 준비하다 / 식사할 시간이 없었어요.

왜 아침을 안 먹었어요?

(3) 다이어트하다 / 고생 좀 했지요. 식사도 줄이고 운동도 하고…….

살이 많이 빠졌네요. 어떻게 살을 뺀 거예요?

(4) 네, 자료를 구하다 / 미국에 갔다 왔어요.

박사 논문 때문에 외국에 갔다 오셨다면서요?

5

보기

시간이 지나면 잊어버리다

가 : 요즘도 헤어진 남자 친구 생각이 나서 괴로워요.
나 : 시간이 지나면 잊어버리기 마련입니다.

(1) 무리하면 병이 나다

매일 야근을 해서 그런지 피곤해 죽겠어요.

(2) 부모가 되면 부모님의 마음을 이해하다

내가 아이를 낳아 보니까 자꾸 어머니 생각이 나네요.

(3) 누구나 나이를 먹으면 기억력이 나빠지다

기억력이 너무 나빠져서 걱정이에요.

(4) 외국에서 오래 살면 그 나라 음식에 익숙해지다

처음엔 매운 음식을 잘 못 먹었는데 요즘은 아주 좋아해요.

단어 生词　□출마하다 竞选　□당선되다 当选　□국회의원 国会议员　□뻘뻘 （大汗）淋漓
　　　　　□반대하다 反对　□박사 博士　□논문 论文　□괴롭다 难受，痛苦

제27과　햇빛을 이용해서 전기를 만드는 거 말이에요　235

벼룩시장

각자 자기가 가지고 있는 물건 중에서 아직 쓸 만한데 자주 쓰지 않는 물건들을 가지고 나와서 벼룩시장을 열어 보십시오.
보기와 같이 소개하는 글을 준비해서 자기가 사람들에게 팔려고 하는 물건을 소개합니다.

每个人把自己的还可以用但是不常用的东西拿出来，办一次二手货买卖活动。
模仿 보기 介绍一下自己的商品。

보기

- 2년 전에 명동에서 샀습니다.

- 이 코트를 사고 난 후에 한두 번 입었는데 그 후로 살이 빠져서 저에게 이제 좀 큽니다.

- 옷감이 좋아서 가벼우면서도 따뜻합니다. 색깔이며 디자인도 마음에 들어서 가지고 있었는데, 지난 2년 동안 입은 적이 없습니다. 새 옷이나 다름없습니다.

- 제가 산 가격의 70% 할인된 가격(6만원)에 팔려고 합니다. 제가 세일 때 샀기 때문에 원래 이 코트의 가격은 더 비쌌습니다. 필요하신 분 없으십니까?

한국의 역사   韩国的历史

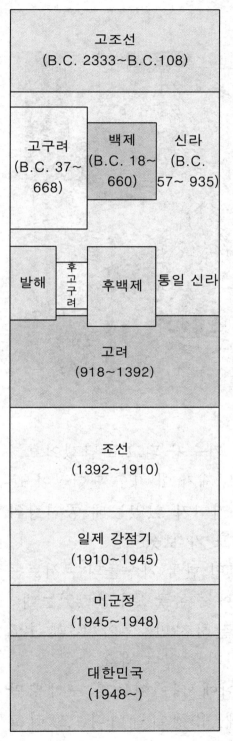

삼국 시대
三国时代
高句丽以平壤为中心，百济以公州为中心，新罗以庆州为中心把周边的部落统一起来建立了中央集权的国家。

고려 시대
高丽时代
以开城为首都，发展了佛教文化和贵族文化。

조선 시대
朝鲜时态
以汉阳（今首尔）为首都，两班文化和老百姓文化得以发展。

일제 강점기
日帝强占期
以民族意识为基础，为了争取民族自由和恢复国权而兴起的独立运动积极展开。

대한민국
大韩民国
虽然脱离了日本统治，但是国土被分裂成南北两国。南部在联合国的监督下施行了大选，于1948年8月15日成立了大韩民国。

제28과 노래뿐만 아니라 패션까지 따라하는 게 유행입니다

수 지: 한국 노래를 정말 잘 부르시네요. 가수가 되고도 남겠어요.

바 투: 잘 부르기는요. 좋아할 따름입니다. 제가 이 가수 팬이잖아요.

수 지: 얼마 전 인기 가수 콘서트에 갈 기회가 있었는데 공연장의 열기가 정말 대단했어요. 바투 씨도 가 보셨죠?

바 투: 물론이죠. 그리고 10대 때 처음 봤던 한국 가수들의 콘서트는 아직도 잊을 수가 없어요. 그 당시에는 한글조차 몰랐었는데.

수 지: 한국 가수들을 보면 노래도 잘하지만 춤이나 패션도 매력적인 것 같아요. 그래서 더 인기를 얻나 봐요.

바 투: 맞아요. 우리나라 청소년들 사이에서는 이들의 노래뿐만 아니라 패션까지 따라하는 게 유행이랍니다. 그리고 요즘에는 반대로 패션이나 스타일 때문에 노래가 인기를 끄는 경우도 있고요.

● 단어 生词

□ 팬 粉丝
□ 10대 10多岁
□ 청소년 青少年
□ 끌다 吸引

□ 열기 气氛
□ 당시에 当时
□ 사이 之间

□ 대단하다 热烈
□ 매력적 有魅力
□ 반대로 相反

秀智： 你的韩国歌唱得真好。当歌手都绰绰有余了。
巴图： 好什么啊？只是喜欢而已。我是这个歌手的粉丝。
秀智： 不久以前我去过一次人气歌手演唱会，现场的气氛热烈极了。巴图，你也去了吧？
巴图： 当然。还有，我十多岁的时候第一次看韩国歌手演唱会的情景仍然历历在目。那个时候我连一个韩文字母都不认识。
秀智： 韩国歌手们不但唱得好，而且舞蹈和服装都非常有魅力。所以更有人气吧。
巴图： 对。我国的青少年们不但热衷模仿他们唱歌，而且热衷于模仿他们的穿衣打扮。相反，最近有些歌手是因为穿衣打扮好，他的歌才被受关注。

语法

1 -고도 남다

→ 表示"剩余"的'남다'以'-고도 남다'的形态使用时，表示某种状态或动作比期待的还要程度高，可以充分去实现。

보기 그 정도로 하면 합격하고도 남겠다. 你这样努力的话，考试通过是绰绰有余的。

이 소식을 들으면 사람들이 놀라고도 남을 것 같다.
听到这个消息的话，人们何止仅是惊讶啊。

이 정도 방이면 20명이 들어가고도 남을 거예요.
这么大的房间进20个人绰绰有余。

2 -조차

↳ 用于名词后，表示包含、不满。相当于汉语的"（甚至）连……也（都）……"。后面主要出现表示否定的词，常与'-(으)ㄴ/는커녕'一起使用。

보기 이 아이는 10살인데 자기 이름조차 못 써요.
这个孩子都十岁了，连自己的名字都不会写。

어제는 너무 바빠서 밥 먹을 시간조차 없었어요.
昨天太忙了，连吃饭的时间都没有。

친구는커녕 가족들에게조차 말하지 못했어요.
别说是朋友了，连自己的家人都没能告诉。

3 -답니다

↳ 是由间接引语(参照中级1第2课语法)'-(이)라고 합니다'中省略'-고 하'而成。这种表达方式主要是向对方亲切地说明或告诉对方某种事实时使用。大人教小孩时常以'-(이)란다'形态出现。

보기 전 살림밖에 모르는 평범한 주부랍니다.
我只是一个只知道生活琐事的主妇。

한국에는 추석, 설날말고도 대보름이란 명절도 있답니다.
韩国除了中秋节、春节外还有正月十五这个节日。

옛날 옛날에 예쁘고 마음씨 착한 백설 공주가 살았단다.
很久很久以前，有一位善良而美丽的白雪公主。

1

보기

수현 씨는 너무 예뻐서 미스코리아가 되다

수현 씨는 너무 예뻐서 미스코리아가 되고도 남겠어요.

(1) 노래 실력만 보면 가수가 되다

(2) 그 사람처럼 봉사를 많이 하면 상을 받다

(3) 너무 뛰어난 기술이라 세계를 놀라게 하다

(4) 와! 현지 씨는 액세서리가 많아서 가게를 차리다

2

보기

고등학교 때 독일어를 배웠는데 알파벳 / 생각나지 않아요.

고등학교 때 독일어를 배웠는데 알파벳조차 생각나지 않아요.

(1) 그 사람이 도망갈 거라고 생각 / 못했어요.

(2) 이제는 첫사랑 얼굴 / 기억나지 않아요.

(3) 이번에는 부모님 생신에 전화 / 하지 못했어요.

(4) 자식 앞에서 / 거짓말을 하시는군요.

제28과 노래뿐만 아니라 패션까지 따라하는 게 유행입니다

3

아니요, 식사 / 제대로 못하세요.

가 : 할아버지가 많이 회복하셨어요?
나 : 아니요, 식사조차 제대로 못하세요.

(1) 그 사람은 인사 / 하지 않고 떠났어요.

시현 씨가 떠났다면서요? 잘 갔나요?

(2) 하지만 공부를 안 한 지 오래돼서 기본적인 것 / 생각이 안 나요.

대학에서 스페인어를 전공하셨다면서요?

(3) 결혼이요? 사귀는 사람 / 없는데요.

결혼 안 하세요?

(4) 어머니 / 모르는 거니까 절대로 말하지 마세요.

이 사실을 누구누구 알고 있어요?

4

건널목에서는 신호등을 잘 보고 건너야 하다

건널목에서는 신호등을 잘 보고 건너야 한답니다.

(1) 이 분이 바로 이순신 장군이다

(2) 한국에서는 대부분의 공공장소에서 담배를 피우면 안 되다

(3) 한국에서는 어른 앞에서 술을 마실 때 얼굴을 돌려야 하다

(4) 제가 어렸을 때는 여기가 이렇게 복잡하지 않았다

5 보기

그래요? 우리나라 국보다

가 : 남대문이 가까이서 보니까 멋있어 보이네요.
나 : 그래요? 우리나라 국보랍니다.

(1) 보통 집은 남자가 준비하고 살림은 여자가 준비하다

한국에서는 결혼 비용을 누가 내요?

(2) 차례를 지낸 후에 보통 성묘하러 가다

명절날은 차례만 지내면 끝나는 건가요?

(3) 한글말고도 훌륭한 일을 많이 하셨다

세종대왕이 한글을 만드셨다고 들었어요.

(4) 하루 정도 지난 후에 냉장고에 넣어야 하다

김치를 담근 후에 바로 냉장고에 넣지 않아요?

단어 生词   □ 상 奖   □ 도망가다 逃跑   □ 첫사랑 初恋   □ 절대로 绝对   □ 건널목 人行道   □ 신호등 红绿灯
□ 공공장소 公共场合   □ 돌리다 转过去   □ 살림 生计   □ 세종대왕 世宗大王

제28과   노래뿐만 아니라 패션까지 따라하는 게 유행입니다   243

삐뽀삐뽀, 괜찮아

얼마 전 수업 시간에 한국어의 의성어와 의태어를 배웠습니다. 정말 어렵고 외우기 어려웠지만 단어들이 재미있고 리듬도 있고 해서 말하다 보면 노래를 부르는 듯했습니다. 그 중에서 저는 '삐뽀삐뽀'라는 말의 어감이 마음에 들었습니다. 그래서 제가 요즘 매일 '삐뽀삐뽀'라고 하면서 돌아다니니까 친구들이 저에게 '구급차 톰'이라는 별명을 붙여 주었습니다.

저는 한국어에서 '그냥'이라는 말이 좋습니다. "요즘 왜 그렇게 우울해 보여?" "그냥." 주말에 전화를 건 친구가 "뭐 하고 있니?"라고 하면 "그냥 집에 있어."라고도 답합니다. "너 기분 좋아 보인다. 뭔 일 있어?" 그런 질문을 받을 때에도 씩 웃으면서 "그냥"이라고 대답하면 됩니다. 이런 나를 보고 어떤 사람들은 속을 보여주지 않는 의심스러운 사람이라고 할지도 모릅니다. 그런데 그 말 속에 담긴 미묘한 뉘앙스와 어감이 내 마음을 다 표현해 주는 것 같기도 하고 할 말이 잘 생각나지 않을 때 편하게 쓸 수 있어서 좋습니다.

그리고 저는 '괜찮아'라는 말도 즐겨 씁니다. 얼마 전 한 친구가 높은 구두를 신고 뛰어 가다가 넘어져서 무릎에서 피가 나는데도 괜찮다고, 걱정하지 말라고 했습니다. "괜찮아." 왠지 안심이 되는 말이라고 생각했습니다. 그리고 한국 노래를 듣는데 이런 노랫말이 내 귀에 들어왔습니다. "아무리 약해 보이고 아무리 어려 보여도 난 괜찮아. 나는 쓰러지지 않아. 난 괜찮아~." 이 노래를 듣고 나니까 정말 모든 일이 다 괜찮아질 것 같은 느낌이 들었습니다. 그래서 나는 이 단어를 알게 된 다음부터 어렵고 힘들 때마다 나 스스로에게 주문을 외우곤 합니다. "모든 일은 다 지나갈 거야. 괜찮아. 다 잘 될거야."

1 친구들이 이 사람에게 왜 '구급차 톰'이라는 별명을 붙여주었습니까?

2 이 사람은 왜 '그냥'이라는 단어를 좋아합니까?

3 이 사람이 '괜찮아'라는 말을 알고 난 후에 하게 된 행동은 무엇입니까?

4 여러분은 한국어 단어나 표현 중에서 좋아하는 것이 있으면 소개해 보십시오.

단어 生词

- 삐뽀삐뽀 嘀嘟嘀嘟
- 의성어 拟声词
- 의태어 拟态词
- 리듬 节奏
- 어감 语感
- 씩 嗤嗤
- 의심스럽다 可疑
- 미묘하다 微妙
- 뉘앙스 语调
- 표현하다 表达

제29과 한국 음식을 즐기는 사람들이 꽤 많더라고요

마이클: 다음 주에 친구가 한국에 오는데 비빔밥을 꼭 먹어 보고 싶다고 하네요. 맛있는 데 좀 소개해 주세요.

수 지: 명동에 유명한 식당이 있는데 그 집에 가 보지 그래요? 미국 친구랑 갔을 때 야채가 골고루 들어 있는 비빔밥을 아주 맛있게 먹었어요.

마이클: 비빔밥이 기내식으로 나온 후부터 좋아하는 사람들이 더 많아진 것 같아요. 저는 비빔밥을 처음 먹었을 때는 아무것도 모르고 고추장을 많이 넣어서 한 숟가락도 못 먹고 말았는데.

수 지: 요즘은 한국 음식도 유명해져서 고추장이 맵다는 것 정도는 이미 알고 있는 외국인이 많을걸요.

마이클: 아닌 게 아니라 미국에서 한식당에 갔는데 한국 음식을 즐기는 사람들이 꽤 많더라고요. 저도 그런 사람 중에 하나고요.

● 단어 生词

- 명동 明洞
- 기내식 机内餐
- 즐기다 享受
- 골고루 均匀地
- 이미 已经
- 들어 있다 有
- 아닌 게 아니라 的确

麦克 : 下周我有一个朋友来韩国，说一定要尝尝拌饭。你给我推荐一个好吃的地方吧。

秀智 : 明洞有一家有名的店，去那里看看吧。和美国朋友去吃过一次，里面有各种蔬菜，非常好吃。

麦克 : 自从机内餐开始提供拌饭之后，好像喜欢吃的人越来越多了。我第一次吃拌饭的时候，什么都不懂，放了很多辣椒酱，结果一口都没吃上。

秀智 : 现在韩餐越来越有名，想必知道辣椒酱辣的外国人肯定不少。

麦克 : 的确。我去过一次美国的一家韩餐馆，在那里享受韩餐的美国人非常多。我也是其中的一员。

 문법　　　　　　　　　　　　　　　　　　　　 语法

1 -지 그래요?

→ 用于动词词干后，表示规劝、提示。与 '-지 않고 왜 그러세요?'的意思相同。在过去时中用 '-지 그랬어요?'。

보기　혼자서 걱정만 하지 말고 부장님과 상의하지 그래요?
　　　别只是一个人担心，去和部长商量一下吧。

　　　돈이 모자랐으면 저한테 빌려 달라고 하지 그랬어요?
　　　钱不够的话，干嘛不跟我借呢?

제29과 한국 음식을 즐기는 사람들이 꽤 많더라고요　247

아이가 사춘기라서 예민할 텐데 야단치지 말지 그랬어요?
孩子正处青春期，很敏感，你干嘛说他呢？

2 -고 말다

↪ 接在动词词干后，用于主体经过努力而出现不希望的结果时，表示遗憾。

보기   어머니가 주신 물건인데 잃어버리고 말았어요.
妈妈给的东西不见了。

해 주겠다고 약속했었는데 결국 해 주지 못하고 말았군요.
说好了给他做，结果没做成。

회사가 부도가 나고 말았는데 우리들은 어떻게 해야 합니까?
公司已经倒闭了，我们该怎么办呢？

3 -(으)ㄹ걸요

↪ 用于谓词词干后，表示推测。是说话者以推测的语气对对方所述的事情给予否定。

보기   가 : 이거 진짜예요?   这是真的吗？
나 : 이건 아마 진짜가 아닐걸요.   可能不是真的。

가 : 채소 볶음밥을 하려고 하는데 아이들이 좋아할까요?
我打算做蔬菜炒饭，孩子们会喜欢吗？

나 : 아이들이 채소가 들어간 음식은 잘 먹지 않을걸요.
孩子们可能不太喜欢吃有蔬菜的饭。

가 : 작년에 한국 경제가 나빠지지 않았나요?
去年韩国经济不景气吧？

나 : 그래도 GNP는 5%쯤 성장했을걸요.
不过，GNP好像增长了5%左右。

1

보기

이 길은 막히는 모양인데 다른 길로 돌아가다

이 길은 막히는 모양인데 다른 길로 돌아가지 그래요?

혼자서 술을 마셨다고요? 나한테 전화했다

혼자서 술을 마셨다고요? 나한테 전화하지 그랬어요?

(1) 나중에 후회하지 말고 지금이라도 사과하다

(2) 책만 보지 말고 인터넷 강의를 듣다

(3) 지난주에 가서 예매했다

(4) 어제는 손님도 있었는데 화내지 말고 참았다

2

보기

병원에 가서 진찰을 한번 받아 보다

가 : 무슨 병인지 약을 먹어도 낫지 않아요.
나 : 병원에 가서 진찰을 한번 받아 보지 그래요?

제29과 한국 음식을 즐기는 사람들이 꽤 많더라고요 249

(1) 예금하지 말고 주식에 투자하다

보너스 받은 돈을 예금하려고 해요.

(2) 유능한 사람들인데 해고시키지 말다

회사 형편이 어려워서 몇 사람은 해고시켜야 할 것 같아요.

(3) 조용히 하라고 했다

어젯밤 이웃집에서 밤새도록 시끄러운 소리가 났어요.

(4) 오랜만에 받은 휴가였는데 가까운 데라도 갔다 왔다

지난 휴가 때 아무 데도 안 갔어요.

3

그 사람은 도망 다니다가 경찰에 잡히다

그 사람은 도망 다니다가 경찰에 잡히고 말았어요.

(1) 최선을 다해서 수술했지만 환자가 죽다

(2) 비밀을 지키려고 했지만 말하다

(3) 열심히 응원했지만 시합에서 지다

(4) 급한 일이 생겨서 약속을 지키지 못하다

4

아니요, 끝까지 뛰어 보려고 했지만 중간에 포기하다

가 : 마라톤 경기에서 끝까지 뛰셨어요?
나 : 아니요, 끝까지 뛰어 보려고 했지만 중간에 포기하고 말았어요.

(1) 퇴직금으로 사업을 시작했지만 실패하다

그 사람은 정년퇴직 이후에 어떻게 되었어요?

(2) 혼자서 고쳐 보려고 애썼지만 못 고치다

아침부터 자동차 고치시던데 수리가 잘 되었습니까?

(3) 다른 일을 하다가 4시 기차를 놓치다

왜 4시 기차를 타지 않고 7시 기차를 타셨어요?

(4) 네, 너무 긴장해서 면접을 볼 때 실수하다

입사 시험에서 떨어지셨다면서요?

5

오후에는 개다

가: 오후에도 비가 계속 오면 큰일인데…….
나: 오후에는 갤걸요.

(1) 두 시간 이상 걸리다

회의가 금방 끝났으면 좋겠는데…….

(2) 밤색이 더 잘 어울리다

민우한테는 파란색이 잘 어울릴 것 같지요?

(3) 그렇게 쉽게 이기기 어렵다

대구 고등학교가 이길 것 같지요?

(4) 벌써 끝났다

'태양의 아들'이라는 영화가 보고 싶은데 어느 극장에서 하는지 알아요?

단어 生词 　□ 강의 讲义 　□ 유능하다 有能力 　□ 해고시키다 解雇 　□ 이웃집 邻居 　□ 밤새다 熬夜
□ 잡히다 被抓 　□ 죽다 死 　□ 시합 比赛 　□ 지다 输 　□ 퇴직금 退休金 　□ 이후 以后
□ 애쓰다 用心 　□ 놓치다 错过 　□ 태양 太阳

1 내용과 맞지 않는 것을 모두 고르십시오.

   选出和内容不相符的项。

   ① 이 여자는 이번에 표를 사기가 쉽지 않았습니다.

   ② 이 여자는 쉽게 표를 살 수 있을 거라고 생각했습니다.

   ③ 이 남자도 이 여자도 둘 다 표를 사려다가 사지 못한 적이 있습니다.

   ④ 인기 가수들의 공연표가 매진되는 것은 흔히 볼 수 없는 일입니다.

   ⑤ 지난번에 이 남자가 표를 사려고 했을 때는 이미 표가 다 팔린 후였습니다.

2 듣고 질문에 대답하십시오.

   听后回答问题。

   (1) 이 사람의 취미는 무엇입니까?

   _____

   (2) 이 사람의 목표는 무엇입니까?

   _____

   (3) 중간에 왜 슬럼프에 빠졌습니까? 어떻게 다시 흥미를 찾았습니까?

   _____
   _____

도 구 工具

가위	칼	자	손톱깎이
드라이버	망치	병따개	스테이플러
빗자루	풀	끈	빗
집게	클립	바늘	솔

제30과 한글의 새로운 발견인 것 같아요

30-01

메구미 : 지금 입고 계신 티셔츠는 한국에서 사신 건가요? '사랑했으므로 행복하였네', 내용도 좋고 글자 모양도 예쁘네요.

마이클 : 우연히 보고 마음에 들어서 사 입었는데 입은 게 어색해 보이지 않아요?

메구미 : 어색하기는커녕 잘 어울리는데요. 한글을 이용한 것 중에 옷말고 다른 것들은 없나요?

마이클 : 없을 리가 있겠어요? 한글 디자인 상품들이 다양해서 저도 좀 놀랐어요.

메구미 : 하긴 얼마 전 도자기와 의상 등 한글 디자인 작품 전시회가 열리고 해외에서도 발표회를 한다는 기사를 봤어요.

마이클 : 한글의 문자 모양이 참 재미있다고 생각했는데, 그렇게 디자인해 놓으니까 아름다웠어요. 한글의 새로운 발견인 것 같아요.

● 단어 生词

- 우연히 偶然
- 하긴 也是
- 등 等
- 발표회 发布会
- 어색하다 别扭
- 도자기 瓷器
- 작품 作品
- 발견 发现
- 상품 商品
- 의상 衣服
- 전시회 展览会

惠子： 你穿的这件T恤是在韩国买的吗？"因为爱过，所以幸福过"内容好，字写得也很漂亮。

麦克： 偶然看到，觉得不错就买来穿了，看起来不别扭吧？

惠子： 一点都不别扭，很适合你。除了衣服，还有其他带有韩文的东西吗？

麦克： 怎么会没有呢？带有韩文的商品很多，我也吃了一惊。

惠子： 也是，我前几天还看过举办带有韩文的瓷器和衣服的作品展览会以及在海外举办发布会的报道呢。

麦克： 我一直认为韩国文字的样子很有意思，这样的设计也非常好看。这应该算是韩文的新发现吧。

1 -(으)므로

→ 连接词尾，用于谓词词干后，表示原因。主要用在议论文或说明文中，对理论性的根据或原因进行说明。因此，多用于书面语或较正式的场合。

보기 중대한 문제이므로 실수 없이 처리해야 합니다.
问题严重，需谨慎处理。

위의 학생은 성적이 우수하므로 이 상을 수여합니다.
本学生学习优秀特发此奖。

제30과 한글의 새로운 발견인 것 같아요 255

이 약은 부작용이 있을 수 있으므로 주의해야 함.
本药品可能产生副作用，请谨慎服用。

2 -커녕

→ 添意助词。用于名词后，表示强烈的否定，相当于汉语的"别说……""就连……也"。与名词连用时，构成'-은/는커녕'格式，与动词连用时，构成'-기는커녕'格式。后面常来'-도，-조차'等添意助词。

보기 시내 구경은커녕 호텔 안에서만 지냈어요.
别说逛市中心了，光待在酒店里了。

예금을 하냐고요? 예금은커녕 생활비조차 모자라는데요.
存钱？生活费都不够，还存钱呢？

시간이 지날수록 문제가 해결되기는커녕 점점 심각해지고 있어요.
随着时间的推移别说问题解决了，反而更严重了。

3 -(으)ㄹ 리가 없다

→ 表示"缘由"或"道理"的不完全名词'리'用在'-(으)ㄹ 리가 없다'或'-(으)ㄹ 리가 있어요?'的疑问句中，表示"按道理来讲，绝对不会发生那样的事情"。对事件发生的可能性表示强烈的否认、怀疑或反问。

보기 본인이 부탁해서 마련한 자리이니까 안 올 리가 없어요.
是他要求组织的活动，他自己不可能不来。

부모가 자기 자식에게 해를 입히는 일을 할 리가 있겠어요?
做父母的怎么可能害自己的儿女呢？

그럴 리는 없겠지만 사람일은 모르니까 한번 확인해 보세요.
虽然不会有那样的事情，但是人心隔肚皮，还是再去确认一下吧。

1

보기

열차와 승강장 사이가 넓다 / 발이 빠지지 않도록 주의하시기 바랍니다.

열차와 승강장 사이가 넓으므로 발이 빠지지 않도록 주의하시기 바랍니다.

(1) 증거가 불충분하다 / 판결을 다음으로 연기합니다.

(2) 이 제품은 220볼트 전용이다 / 전압이 맞지 않을 때는 사용하지 마십시오.

(3) 이곳은 승용차 전용 주차장이다 / 승용차 이외의 차량은 주차할 수 없습니다.

(4) 교통 신호를 위반했다 / 벌금을 내셔야 합니다.

2

보기

결혼기념일에 남편이 선물 / 날짜도 기억 못했어요.

결혼기념일에 남편이 선물은커녕 날짜도 기억 못했어요.

내 발을 밟고서 사과하다 / 오히려 화를 냈어요.

내 발을 밟고서 사과하기는커녕 오히려 화를 냈어요.

제30과 한글의 새로운 발견인 것 같아요 257

(1) 칭찬 / 야단만 맞았어요.

(2) 휴가 / 주말에도 나가서 일해야 해요.

(3) 남편이 도와주다 / 옆에서 잔소리만 해요.

(4) 오해가 풀리다 / 오히려 사이가 더 나빠지고 말았어요.

3

보기

형이 동생을 돌봐 주다 / 말썽만 부려요.

가: 형이 동생을 돌봐 주지요?
나: 형이 동생을 돌봐 주기는커녕 말썽만 부려요.

(1) 식사 / 차 대접도 못 받았는데요.

식사 대접은 받았나요?

(2) 구경 / 태풍이 와서 호텔에만 있었어요.

제주도 구경은 잘 하셨어요?

(3) 아니요, 좋아지다 / 더 심해진 것 같아요.

수술 후에 건강이 좋아지셨나요?

(4) 아니요, 재미있다 / 지루하기만 했어요.

칸 영화제에서 상을 받은 작품이니까 재미있었겠죠?

4

보기

날씨가 이렇게 맑은데 비가 오다

날씨가 이렇게 맑은데 비가 올 리가 없어요.

(1) 이 가방이 가짜이다

(2) 동우가 1년 동안 열심히 준비했는데 시험에 떨어지다

(3) 두 사람이 결혼까지 약속한 사이인데 그렇게 쉽게 헤어지다

(4) 어제 만들어서 냉장고에 넣어 뒀는데 벌써 상했다

5

보기

새로 산 기계인데 벌써 고장이 나다

가 : 이거 왜 안 돌아가지? 고장인지 한번 봐 주세요.
나 : 새로 산 기계인데 벌써 고장이 날 리가 있어요?

(1) 세월이 많이 지났는데 기억이 나다

초등학교 친구가 학교 다닐 때 나를 괴롭혀 놓고 기억을 못하더라.

(2) 아니요, 방금 전에도 있었는데 없어지다

여기에 둔 보고서 혹시 치우셨어요?

(3) 아니에요. 그 친구가 나를 속이다

친구 분에게 사기를 당한 겁니다.

(4) 제가 두 번이나 확인했는데 몰랐다

영은이가 시간을 몰라서 어제 참석을 못 했대요.

단어 生词
□ 열차 列车 □ 승강장 站台 □ 주의하다 注意 □ 증거 证据 □ 불충분하다 不充分
□ 판결 判决 □ 전용 专用 □ 전압 电压 □ 차량 车辆 □ 교통 신호 交通信号 □ 위반하다 违反
□ 벌금 罚款 □ 잔소리 唠叨 □ 돌보다 照顾 □ 말썽을 부리다 捣乱
□ 지루하다 无聊 □ 칸 영화제 戛纳电影节 □ 속이다 骗

제30과 한글의 새로운 발견인 것 같아요

재미있는 한글 놀이

Ⅰ. 끝말잇기

한 단어를 말하면 그 단어의 끝 글자로 시작하는 단어를 이어서 말하는 놀이입니다. 한 사람이 단어를 말하면 그 단어의 끝을 이어 단어를 말하십시오.
一个人说出一个单词后，后面一个人用这个词的最后一个音节为首音节说出另外一个词，以此类推。

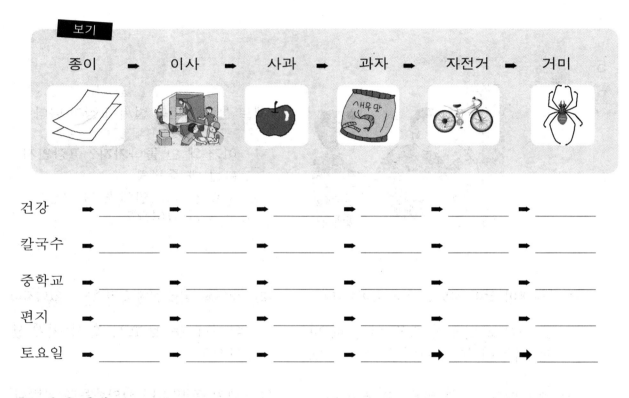

건강 ➡ _____ ➡ _____ ➡ _____ ➡ _____ ➡ _____ ➡ _____

칼국수 ➡ _____ ➡ _____ ➡ _____ ➡ _____ ➡ _____ ➡ _____

중학교 ➡ _____ ➡ _____ ➡ _____ ➡ _____ ➡ _____ ➡ _____

편지 ➡ _____ ➡ _____ ➡ _____ ➡ _____ ➡ _____ ➡ _____

토요일 ➡ _____ ➡ _____ ➡ _____ ➡ _____ ➡ _____ ➡ _____

Ⅱ. 수수께끼

다음 수수께끼의 답을 맞혀 보십시오. 说出下列谜语的谜底。

보기

아침에는 네 발로 걷고, 낮에는 두 발로 걷고, 저녁에는 세 발로 걷는 것은 무엇입니까?
답 : 사람

(1) 말은 말인데 타지 못하는 말은? (   )

(2) 소금을 비싸게 파는 방법은? (   )

(3) 손님이 깎아 달라는 대로 다 깎아주는 사람은? (　　　　　　)

(4) 많이 먹으면 죽는데 안 먹을 수 없는 것은? (　　　　　　)

(5) 물고기의 반대말은? (　　　　　　)

(6) 이 상한 사람들이 가는 곳은? (　　　　　　)

(7) 하늘에서 사는 개는? (　　　　　　)

Ⅲ. 빨리 잘 읽기

다음 문장을 시간을 재면서 빨리 읽으십시오. 가장 빨리 정확하게 읽은 사람이 이기는 놀이입니다.

看谁读得快读得准。在限定的时间内，读完下面的文章，读得既快又正确者胜出。

(1) 내가 그린 구름 그림은 흰 구름 그림이고,
　　네가 그린 구름 그림은 검은 구름 그림이다.

(2) 옆집 토끼 토끼 귀는 하얀 토끼 토끼귀이고
　　앞집 토끼 토끼 귀는 까만 토끼 토끼귀이다.

(3) 한강 은행 예금통장은 황색 예금통장이고,
　　정동 은행 적금통장은 청색 적금통장이다.

(4) 복 씨 땅콩 장수의 막 볶은 따뜻한 땅콩,
　　안 씨 땅콩 장수의 덜 볶은 뜨뜻한 땅콩.

(5) 간장 공장 공장장은 강 공장장이고 된장 공장 공장장은 장 공장장이다.

(6) 저 강낭콩 콩깍지는 깐 콩깍지인가 안 깐 콩깍지인가?

해석 Ⅱ. (1) 가짓말 (2) 엿이 들어 나가야야 한다. (3) 이발사 (4) 나이 (5) 물고기 (6) 치과 (7) 안개, 번개, 무지개

제30과　한글의 새로운 발견인 것 같아요　261

附 录

- 答案
- 听力原文
- 阅读翻译
- 单词索引
- 语法索引

答案

1과

<읽기>

1

사라질 것	이유
우체통	손으로 직접 쓴 편지나 카드 대신에 빠르고 편리한 이메일과 전자카드, 문자 메시지로 안부를 전하는 사람들이 많아졌기 때문입니다.
유선 전화	어른 아이 모두 갖게 된 휴대 전화가 유선 전화의 자리를 대신하게 되었기 때문입니다.

2 ③

2과

<듣기>

1 (1) 필름 사진기 → 디지털 카메라 → 휴대폰
(2) ①

2 ②

3 ④

4과

<읽기>

1 츄리닝 : 운동복
아이쇼핑 : 물건을 사지 않고 구경만 하는 것
디씨 : 할인, 값을 깎아주는 것

2 '○○방'이라고 쓰여 있는 간판이 많은 것
(또는 가게 이름에 '방'이 많이 붙는 것)

5과

<듣기>

1 ④

2 (1) ① (2) ②

3 ③

7과

<읽기>

1 삶에 대해 감사하는 것, 처음의 마음으로 돌아가는 것, 내려놓음, 비움, 용서, 이해, 자비, 언제든 떠날 채비를 갖추는 것

2 사랑, 믿음, 우정 등

8과

<듣기>

1 ①

2 (1) ④
(2) ① X ② O ③ O ④ X

3 연결된 후에는, 남기시려면,
남기시려면, 연락 받을, 누른 후, 이용해 주셔서

10과

<읽기>

1 ①

3 (1) 공용부분 (2) 공동주택 (3) 층간소음

11과

<듣기>

1 ①

2 (1) ③ (2) ② (3) ④

3 (1) ② (2) ③

13과

<읽기>

1 강 부장님이 아이들 이름을 지을 때 돌림자를 넣어 지었기 때문입니다.

14과

<듣기>

1 ④

2 (1) ③ (2) ②

3 (1) ④ (2) ①

16과

<읽기>

1 결과를 보면 남자는 두 파로 나뉘었다. 아내의 이름을 '집, 집사람, ○○ 엄마, 김○○(실제 이름), 마누라' 등으로 쓴다는 부류가 거의 절반. '나의 여신님, 중전 마마, 소울 메이트' 등으로 쓴다는 사람이 나머지 반이었다. 반면 여자들은 대부분 연애할 때처럼 남편의 애칭이 휴대 전화에 저장돼 있었습니다.

2 부인들이 알아서 입력해 저장해 놓은 것입니다.

17과

<듣기>

1 (1) 환갑 (2) 돌 (3) 제사 (4) 추석
2 (1) ④ (2) ③
3 (1) ① O ② X ③ O ④ O
  (2) 미역이 미끄러운 음식이라서 시험에서 미끄러져 떨어질지도 모른다고 믿기 때문이다.

19과

<읽기>

1 명품 : 사전적 의미는 '뛰어난 물건 혹은 작품'입니다. 상세히 설명하자면 솜씨 좋은 장인들의 수작업으로 정성껏 만든 귀한 물건입니다.
  짝퉁 : 명품을 베낀 물건입니다.
2 할머니의 사랑을 수십 년 간 받아 온 천들을 만지니까 할머니 생각이 나서입니다.

20과

<듣기>

1 (1) ④ (2) 적금을 들 것 같다.
2 (1) ① (2) ③ (3) ③

22과

<읽기>

1 하회마을은 전통이 잘 보존된 것으로 유명합니다.
2 '백과사전처럼 아는 것이 많은 사람'을 의미합니다.
3 '하회'는 강이 근처를 돌아간다는 의미입니다. 하회 마을의 지리적 조건을 보면 마을의 삼면이 낙동강으로 둘러 싸여 있습니다.

23과

<듣기>

1 ②
2 (1) X (2) O (3) X (4) X (5) O
3 (1) ①, ③, ⑤
  (2) ③ → ② → ① → ④

25과

<읽기>

1 (1) 10원짜리 동전 - 다보탑 - 건강과 행복을 바라는 마음
  (2) 50원짜리 동전 - 쌀 - 풍년을 기원하는 마음
  (3) 100원짜리 동전 - 이순신 장군 - 나라를 사랑하는 마음
  (4) 500원짜리 동전 - 학 - 자연을 사랑하는 마음과 희망

26과

<듣기>

1 (1) 쓰레기 문제 (2) 대기 오염 (3) 지구 온난화
2 (1) ① O ② O ③ X ④ X
  (2) ③
3 (1) ② (2) ③

28과

<읽기>

1 이 사람이 요즘 매일 '삐뽀삐뽀'하면서 돌아다녔기 때문에 친구들이 '구급차 톰'이라는 별명을 붙여 주었습니다.
2 '그냥'이라는 말 속에 담긴 미묘한 뉘앙스와 어감이 내 마음을 다 표현해 주는 것 같기도 하고 할 말이 잘 생각나지 않을 때 편하게 쓸 수 있어서 이 단어를 좋아합니다.
3 이 사람은 어렵고 힘들 때마다 "모든 일은 다 지나갈 거야. 괜찮아. 다 잘 될 거야."라고 스스로에게 주문을 외우곤 합니다.

29과

<듣기>

1 ②, ④
2 (1) 한국말 공부하는 것, 한국 드라마를 보는 것
  (2) 자막 없이 드라마를 보는 것

听力原文

2과

1 듣고 질문에 대답하십시오.

　　예전에 보던 책 사이에서 친구들과 찍은 사진 한 장이 나왔다. 10년이 넘은 사진인데 친구들의 모습이 반갑고 그때의 추억이 떠올라서 한참 동안 그 사진을 보았다. 한편으로 '요즘 이런 사진을 본 지 오래되었다.'라는 생각을 하면서. 디지털 카메라가 나온 뒤로 필름 사진기가 우리 주위에서 점차 모습을 감추었다. 찍은 사진을 바로 확인할 수 있고 간편하게 컴퓨터에 저장할 수도 있는 디지털 카메라는 '디카'라는 애칭과 함께 젊은 사람들이 즐겨 사용하는 물건이 되었었다. 하지만 요즘은 이 디카 또한 점차 그 모습을 감추고 있다. 휴대폰 카메라의 기능이 좋아져서 불편하게 휴대폰, 카메라 두 개를 들고 다닐 필요 없이 웬만하면 휴대폰 카메라로 사진을 찍는다. 찍은 사진을 바로 확인할 수 있을 뿐만 아니라 컴퓨터를 통하지 않아도 그 자리에서 바로 휴대폰을 이용해 다른 사람에게 보낼 수도 있기 때문이다. 사진기 하나만 보아도 세상은 점점 편해지는데 사람들은 그만큼 행복해졌는지 모르겠다.

2 듣고 맞는 것을 고르십시오.

여자 : 여보세요? 영민 씨, 지금 어디세요?
남자 : 사무실에서 막 나가려던 참이었어요.
여자 : 죄송해서 어떡하죠? 제가 오늘 일이 생겨서 1시간쯤 늦을지도 모르겠어요.
남자 : 괜찮습니다. 저도 그 시간에 맞춰 가겠습니다. 그럼, 8시에 봐요.

3 듣고 이어지는 말을 고르십시오.

여자 : 지난번에 회의에서 얘기된 내용을 정리해 봤는데 한번 검토해 주세요.
남자 : 제 메일로 그 파일을 보내주시겠어요?
여자 : 그럴게요. 어, 이상하다. 지난번에 분명히 저장을 해 놨는데 파일을 찾을 수 없네요. 뭐가 잘못된 게 아닌지 모르겠어요.

5과

1 듣고 이어지는 말을 고르십시오.

여자 : 저희 주방을 구경시켜 드릴게요. 이건 보통 냉장고, 이건 김치 냉장고, 거기에다가 이건 먹던 반찬을 넣어 두는 반찬 냉장고예요.
남자 : 김치 냉장고라고요? 와, 대단하네요. 한번 구경해도 돼요?
여자 : 되고말고요. 오래 된 김치도 있고 며칠 전에 담근 김치도 있어요.
남자 : 한국 사람들이 김치를 좋아하는 것은 알고 있었지만 김치 냉장고까지 있는 줄은 몰랐어요. 맛있는 김치 냄새를 맡으니까 침이 도네요.

2 듣고 대답하십시오.

　　어제 한국 친구들과 근처의 공원에 놀러 갔다. 처음에는 가볍게 산책이나 할까 하고 갔는데 거기서 우연히 만난 사람들과 축구를 하게 됐다. 오랜만에 열심히 땀을 흘리며 공을 따라 다녔지만 아쉽게 우리 팀이 졌다. 게임이 끝난 후에 그 사람들이 같이 식사를 하자고 해서 근처 식당으로 가나 보다고 생각했다. 그런데 한 10분 후에 하얀 가방을 든 사람이 오토바이를 타고 와서 짜장면과 만두를 내려놓고 가는 것이 아닌가. 공원까지 음식을, 그것도 단 10분 만에 배달해 주다니. 한국의 인터넷 속도 못지않게 빠른 배달 속도에 다시 한번 놀랐다.

3 듣고 중심 내용을 고르십시오.

　　내가 살고 있는 곳은 서울의 변두리. 대형 마트가 없지만 생활에는 아무 불편이 없다. 우리 동네 입구에는 오후마다 파란 트럭에 야채와 과일을 가득 싣고 아저씨가 장사를 하러 온다. 그 아저씨 덕분에 나는 멀리까지 장을 보러 갈 필요없이 언제든지 싸고 싱싱한 야채와 과일을 살 수 있다. 그리고 내가 특별히 필요한 것이 있을 때는 아저씨께 부탁을 드리기만 하면 신선한 것으로 우리 집까지 가져다주신다.

8과

1 듣고 이어지는 말을 고르십시오.
남자 : 이번 달에 전화 요금이 생각보다 많이 나와서 놀랐어요.
여자 : 왜요? 전화할 데가 많았나요?
남자 : 동창회 모임이 있어서 전화도 자주 하고 특히 문자를 많이 보내고 해서 그런가 봐요.
여자 : 이번 기회에 휴대폰을 최신폰으로 바꾸는 게 어때요? 최신폰의 경우에는 인터넷이 되는 곳에서는 문자를 아무리 많이 보내도 무료거든요.

2 듣고 대답하십시오.
'저녁의 음악 산책' 다음 사연은 호주에 유학 중인 이성미 씨가 보내 주신 글입니다.

저는 호주에 온 지 한 달밖에 안 된 유학생입니다. 처음 하는 외국 생활이라 어려운 게 많은데 하루 일과를 마치고 집에 돌아와 한국에서 듣던 이 방송을 들을 수 있어서 얼마나 힘이 되는지 몰라요. 처음 컴퓨터를 이용해 한국에서 못지않게 깨끗한 방송을 듣게 되니 반갑기도 하고 놀랍기도 했습니다. 오늘은 한국에 계신 엄마의 생신입니다. 엄마가 자주 듣는 방송을 통해 축하의 말을 드리고 싶어서 글을 보냅니다. '엄마, 아침에 영상 통화할 때 왠지 눈물이 나서 얘기 못했어요. 저는 여기에서 공부도 열심히 하고 잘 지내고 있으니까 너무 걱정하지 마세요. 엄마, 사랑해. 그리고 생일 진심으로 축하드려요~!'

외국에서 엄마를 생각하는 마음을 담아 글을 보낸 이성미 씨가 신청하신 곡을 들려 드리겠습니다.

3 듣고 빈칸에 알맞은 말을 쓰십시오.
전화기가 꺼져 있어 소리샘으로 연결 중입니다. (연결된 후에는) 통화료가 부과됩니다. 메시지를 (남기시려면) 1번, 연락 번호를 (남기시려면) 2번을 눌러 주십시오. 지역 번호와 (연락 받을) 전화번호를 (누른 후) 별표나 우물 정자를 눌러 주십시오. 저장 되었습니다. (이용해 주셔서) 감사합니다.

11과

1 듣고 맞는 그림을 고르십시오.
가까운 사람이 입원했을 때 문병을 가게 된다. 하지만 많은 문병객 때문에 환자가 피곤해질 수도 있고 환자가 자기의 아픈 모습을 다른 사람에게 안 보이고 싶어할지도 모른다. 그러니까 문병을 갈 때는 면회 시간을 지키도록 해야 하고 환자의 병이 어느 정도 좋아진 후에 가는 것이 좋다. 또한 면회 시간은 짧게 하고 병실에서의 대화는 조용히 해야 한다.

2 듣고 이어지는 말을 고르십시오.
(1)
남자 : 우리 같이 영화 보는 거 참 오랜만이지?
여자 : 그래! 이 영화 재미있다고 해서 얼마나 보고 싶었는지 몰라.
남자 : 참, 영화 시작하기 전에 휴대폰 꺼 놓아야 되는데. 넌 껐어?

(2)
여자 : 아직 담배 안 끊으셨어요?
남자 : 끊어야 한다고 생각은 하는데 쉽게 안 되네요.
여자 : 요즘은 마음 놓고 담배 피울 수 있는 데가 점점 줄고 있잖아요.

(3)
여자 : 좀 늦었네요. 아침에 무슨 일 있었어요?
남자 : 누가 제 차 뒤에 차를 세워 놓았는데 연락처를 안 써 놓아서 차 주인을 찾는 데 시간이 좀 걸렸어요.
여자 : 그랬군요. 차 주인이 와서 뭐라고 하던가요?

3 듣고 질문에 대답하십시오.
여자 : 감사합니다. 가나 병원 예약 센터입니다. 뭘 도와 드릴까요?
남자 : 제가 내일 예약이 되어 있는데요. 내일 가기가 어려울 것 같아서요.
여자 : 죄송하지만 진료카드 번호나 주민등록번호 좀 알려 주시겠습니까?
남자 : 진료카드 번호가요, 532498번인데요.
여자 : 네, 확인 감사드립니다. 김준수고객님 4월

3일 1시 30분에 내과 예약되어 있으시네요. 취소해 드릴까요?

남자 : 아니요, 취소하지 말고 예약을 다음 주 금요일 오후로 바꿀 수 있을까요?

여자 : 네, 다음 주 금요일 오후 2시에 가능합니다. 그때 오세요.

14과

1 듣고 내용과 맞지 않는 그림을 고르십시오.

여자 : 요즘은 남자들도 집안일을 많이 하는데 어떠신가요?

남자 : 아내도 같이 일을 하니까 혼자서 집안일을 하는 건 무리예요. 아내가 힘들지 않게 목욕탕 청소랑 쓰레기 버리는 것은 제 담당이고요. 일요일 아침은 가족을 위해서 직접 식사 준비도 하는걸요.

2 듣고 무엇에 대한 내용인지 맞는 것을 고르십시오.

(1)

남자 : 결혼한 지 1년 넘었지? 아이는 언제쯤 낳을 거야?

여자 : 글쎄. 생각 중이야. 아이가 생기게 되면 내가 직장을 그만두거나 맡길 곳을 찾아보거나 해야 하는데 그게 그리 간단한 문제가 아니잖아.

남자 : 맞아. 뉴스에 의하면 아이 한 명 키우는 데 돈이 일억 이상 든다더라.

(2)

요즘 독신이 증가하고 있다. 요즘은 30대를 훨씬 넘긴 미혼자들을 주위에서 쉽게 볼 수 있는데 특히 좋은 직장을 가진 30세 이상의 미혼 여성들은 과거 세대처럼 결혼을 꼭 해야 하는 거라고 생각하지 않는다. 마음에 들지 않는 배우자와 결혼을 하는 것보다는 편하게 혼자서 사는 게 낫다고 생각하는 것이다. 자녀 교육에 드는 노력과 비용을 모두 자신의 경력을 쌓고 인생을 즐기는 데 쓸 수 있으니까 오히려 독신 생활이 더 좋다고 생각하기도 한다.

3 듣고 질문에 대답하십시오.

저희는 결혼한 지 10년 된 부부입니다. 남편은 일 때문에 부산에서 혼자 지내고 있고 저는 서울에서 직장 생활을 하면서 아이들과 살고 있습니다. 남편이 부산에서 혼자 지낸 지는 1년쯤 됐는데요. 작년에 남편이 일 때문에 부산으로 가게 되면서 어쩔 수 없이 주말 부부가 됐습니다.

처음에는 가족 모두 부산으로 이사를 갈까도 했지만 저도 직장을 그만두고 싶지 않았고 아이들 학교 문제도 있어서 우선 남편 혼자 내려가기로 했습니다. 처음에는 잘 적응하는 것 같았는데 요즘 남편이 무척 힘들어하는 듯합니다. 건강도 예전보다 안 좋아진 듯하고요.

그래서 요즘 고민이 많습니다. 아무리 힘들더라도 가족이라면 모여서 살아야지 떨어져 살아서는 안 된다는 생각도 들고요.

17과

1 듣고 관계가 있는 날을 보기에서 골라 쓰십시오.

(1)

이것은 60번째 생일을 축하하는 날로 회갑이라고도 한다. 옛날에는 60년을 살면 아주 오래 살았다고 생각해서 큰 잔치를 하곤 했다. 그렇지만 요즘에는 특별히 장수했다는 생각이 없어서 잔치를 생략한다. 그 대신 외국 여행을 하거나 가족들만 모여서 식사를 하거나 한다.

(2)

아기의 첫 번째 생일이다. 아이에게 새 옷을 입히고, 쌀·떡·국수·과일 등 음식에다가 책이나 연필·실 등이 놓인 큰 상을 차려 준다. 그리고 아이의 장래를 알아 보기 위해 상 위의 물건을 아무것이나 잡게 하는 '돌잡이'를 한다.

(3)

가족 중에 한 분이 돌아가시면, 돌아가신 날 저녁에 가족과 친척들이 모여 음식을 차려 놓고 절을 하고 정성을 표시하는 날이다. 한자를 사용하는 나라에서는 설날이나 추석에 드리는 이 의식을 차례라고 부른다.

(4)

한국의 대표적인 명절로 음력 8월 15일이다. 한가위라고도 하고 대부분의 사람들이 선물을 가지고 고향에 계신 부모님을 찾아뵙는다. 새 쌀로 송편이라는 떡을 빚고 햇과일 등 음식을 차려 놓고 차례를 지낸다.

2 듣고 이어지는 대답으로 알맞지 않은 것을 고르십시오.

(1)
여자 : 김 과장님 내일부터 휴가라면서요? 집에 무슨 일 있으세요?
남자 : 아니요. 결혼기념일이라서 집사람하고 여행 가려고요.

(2)
여자 : 얘기 들었어? 영철이 아버님이 어제 저녁 때 돌아가셨대.
남자 : 응, 알고 있어. 그런데 나는 회사 출장이 있어서 장례식에 못 갈 것 같은데 어떡하지?

3 듣고 질문에 대답하십시오.
　한국 사람들이 생일이면 꼭 먹는 음식이 있다. 바로 미역국이다. 그런데 왜 생일엔 꼭 미역국을 먹을까? 사실 미역국처럼 한국 사람들이 즐겨 먹는 음식도 없다. 보통 때도 자주 먹는 미역국이지만 특별히 아이를 낳고 나서 먹는 미역국은 출산으로 힘들었던 산모의 몸을 건강하게 해 주는 음식이다. 또 생일에 먹는 미역국은 나를 낳을 때 고생하셨던 어머니를 생각하고 감사한 마음을 갖게 하는 음식이기도 하다. 이렇게 미역국이 건강에 좋으면서도 좋은 의미를 갖는 음식이기는 하나 절대로 안 먹는 날이 있다. 바로 시험 보는 날인데 중요한 시험을 앞두고는 보통 미역국을 먹지 않는다. 미역이 미끄러운 음식이라서 시험에서 미끄러져 떨어질지도 모른다고 믿기 때문이다.

20과

1 듣고 질문에 대답하십시오.
남자 : 직장 생활한 지 3년이 다 돼 가는데 모아 놓은 돈도 없고 월급에서 카드 값 내고 나면 남는 돈도 없고. 이제부턴 돈 좀 아껴 써야겠어. 그래서 적금 하나 들까 해.
여자 : 돈을 모으자면 적금을 드는 것도 좋지만 우선 들어오고 나가는 돈을 관리하는 게 더 중요한데……. 너 가계부 써?
남자 : 아니, 전에 썼었는데 쓰다가 귀찮아서 그만둬 버렸어. 쓰는 데 시간도 걸리고 별로 관리도 안 되는 것 같아서.
여자 : 처음엔 좀 귀찮더라도 계속 쓰다가 보면 돈을 좀 덜 쓰게 될 거야.
남자 : 그것도 좋은데 우선 결심한 것부터 시작해 봐야겠어.

2 듣고 내용과 같은 것을 고르십시오.
(1)
　인터넷으로 쇼핑하는 사람들이 많아졌다. 돈과 시간을 절약할 수 있고 다른 사람의 방해를 받지 않고 마음대로 쇼핑할 수 있기 때문이다. 그런데 인터넷으로 물건을 사고 나서 실망할 때가 종종 있다. 배달된 물건이 사이트에서 보고 주문했던 것과 달라서이다. 물건을 직접 눈으로 보고 사지 않기 때문에 생기는 문제다. 그런데 이런 문제를 해결하기 위해서는 물건을 사기 전에 상품평을 보는 게 좋다. 상품평은 물건을 산 후에 직접 써 본 구매자들이 쓴 거라서 그 상품을 구입할까 말까 망설이는 사람들에게 도움이 된다.

(2)
남자 : 물가가 너무 올랐어요. 식당들도 음식 값을 다 올려서 점심 먹는 것도 부담이 돼요.
여자 : 그래서 그런지 요즘 점심에 도시락을 먹는 직장인들이 많아졌대요.
남자 : 도시락 먹는 건 좋은데 날마다 도시락 가지고 다니자면 좀 불편하지 않을까요?
여자 : 요즘 편의점에서 파는 도시락 먹어 본 적 있어요? 값도 싼 데다가 맛도 괜찮아서 인기 있는 모양이더라고요.
남자 : 그래요? 그럼 한번 먹어봐야겠네요. 그리고 도시락을 먹게 되면 점심시간에 여유가 좀 생기니까 남은 시간을 이용해서 운동이나 독서도 할 수 있겠는데요.

(3)
남자 : 못 보던 카메라네. 새로 산거야? 좋아 보인다.
여자 : 응. 이거 그동안 모아 두었던 카드 포인트로 산 거야.
남자 : 뭐? 카드 포인트로 카메라를 다 샀다고? 도대체 무슨 카든데?

여자 : 나는 이 카드 저 카드 쓰지 않고 카드 하나만 쓰거든. 그러다 보면 포인트가 꽤 쌓이더라고.

남자 : 그래? 그럼 나도 이제부터 카드 하나만 정해 놓고 써야겠다.

여자 : 그런데 포인트도 쓸 수 있는 기간이 있으니까 주의해야 해. 잊어버리고 있다가 포인트가 다 사라져버릴 수도 있어.

23과

1 듣고 맞는 그림을 고르십시오.

남자 : 오랜만에 자전거를 타 보니까 어때요? 힘들지 않아요?

여자 : 힘들기는요? 한강변에서 자전거를 타니까 서울 구경도 할 수 있고 좋네요.

남자 : 운동도 할 겸 기분 전환도 할 겸 가끔 타는데 기분이 그만이에요.

여자 : 정말 강가를 달리다 보니까 답답했던 마음이 시원해지는 것 같아요.

남자 : 이제 좀 쉬었으니까 다시 타 볼까요?

2 듣고 맞으면 O, 틀리면 X 하십시오.

남자 : 밖에 오래 서 있어서 추웠을 텐데 뜨거운 떡국 좀 드세요.

여자 : 기다리는 동안에는 좀 춥고 힘들었지만 바다 위로 해가 뜨는 모습이 너무 멋있어서 고생한 걸 다 잊었어요. 영수 씨 덕분에 멋있게 새해를 시작했습니다.

남자 : 날씨가 어떠냐에 따라 보지 못할 수도 있는데 다행이었어요.

여자 : 여행도 할 겸 새해 시작도 잘해 볼 겸해서 왔는데 안 왔더라면 후회할 뻔했어요. 다른 친구들에게도 같이 오자고 할 걸 그랬어요.

남자 : 떡국이 다 식겠네요. 어서 드세요.

3 듣고 질문에 대답하십시오.

지난 주말에는 친구와 함께 춘천에 다녀왔습니다. 전철로 춘천까지 갈 수 있어서 편하게 갈 수 있었습니다. 서울에서 춘천까지 두 시간이 걸리지 않았습니다. 전철 안에는 젊은 사람들뿐만 아니라 나이 드신 분들도 있었습니다. 바깥 경치도 보고 친구와 이야기도 해 가면서 가다 보니까 어느새 춘천역에 도착했습니다. 아직 3월이어서 그런지 좀 춥고 안개가 많이 끼어 있었습니다. 친구가 춘천에는 강이 있고 호수가 많아서 원래 안개가 자주 낀다고 했습니다.

우리는 소양호라는 호수에 가서 배를 타고 청평사라는 절에 갔습니다. 안개 낀 호수의 경치는 너무 멋있었습니다. 배에서 내린 후에 산을 좀 올라가니까 절이 있었습니다. 절도 구경할 겸 사진도 찍을 겸해서 근처에서 산책을 한 후에 우리는 춘천 시내로 돌아와 닭갈비를 먹었습니다. 춘천의 유명한 음식인 닭갈비를 본고장 춘천에서 꼭 먹고 싶었기 때문입니다. 서울에서 먹을 때보다 왠지 더 맛있는 듯했습니다.

오후에는 춘천 애니메이션 박물관 구경을 하고 서울로 왔습니다. 하루 동안의 여행이라서 시간은 길지 않았지만 기분전환이 되었습니다. 춘천은 한 번쯤 가 볼만한 도시입니다. 그리고 구경할 데가 많으니까 여기저기 구경하려면 아무래도 좀 일찍 출발하는 것이 좋을 것 같다는 생각을 했습니다.

26과

1 듣고 관계있는 말을 골라 쓰십시오.

(1)

여자 : 차를 한 잔 마시고 싶은데 컵은 어디에 있나요?

남자 : 우리 모임에서는 환경도 살릴 겸 절약도 할 겸해서 일회용 컵을 사용하지 않고 개인용 컵을 가져와서 사용해요.

여자 : 준비하라는 말은 들었는데 깜빡 잊었어요. 다음에는 꼭 가지고 와야겠네요. 걱정만 할 게 아니라 작은 것이라도 실천하는 건 중요하지요.

(2)

여자 : 저는 하늘에 별이 이렇게 많은 줄 몰랐어요. 서울에서는 이런 것을 본 적이 없어요.

남자 : 서울뿐만 아니라 큰 도시의 밤하늘에는 별이 많지 않아요. 많지 않은 게 아니라 공기가 나쁜 탓에 보이지 않는 거지요.

여자 : 원래는 그렇지 않았을 텐데. 자연은 점점

없어지고 자동차며 사람은 점점 많아지다 보니까 그렇게 된 거겠죠?

(3)

여자 : 얼마 전 환경에 관한 영화를 보았는데 많은 사람들이 봐야 할 영화인 것 같아요.

남자 : 어떤 내용이었는데요?

여자 : 환경 문제로 지구의 기온이 높아지고 이것 때문에 생기는 날씨 변화며 여러 가지 문제점 등을 보여 주는 영화였어요. 이대로 가면 몇십 년 후에는 더 큰 문제들이 생길 거라고 하며 지금이 우리가 환경 문제 해결을 위해 노력할 때라고 했어요.

2 듣고 질문에 대답하십시오.

　　세계의 인구가 드디어 70억 명이 넘었다. 12년 만에 10억 명이 늘어난 것이다. 70억이 넘는 사람들이 살아가기 위해서는 많은 식량이 필요하다. 따라서 사람들은 먹기 위해 셀 수 없을 정도로 많은 동물들을 키우고 있다.

　　그러나 이 동물들을 키우기 위해서는 많은 곡식과 물, 땅이 필요하다. 그리고 이 동물들은 사람들이 먹는 것보다 훨씬 더 많은 곡물을 먹는다. 소고기 1kg 얻기 위해 소에게 12kg 이상의 곡물을 줘야 하는데 다시 말하면 적은 양의 고기를 얻기 위해 더 많은 양의 곡식이 필요하다는 말이다. 동물을 키워 식량 문제를 해결한다는 게 더 많은 식량을 없애는 결과를 가져오는 것이다.

　　물론 사람들이 고기를 먹지 않든지 아니면 최소한의 고기만 먹든지 하면 이런 문제를 한 번에 해결할 수 있을지도 모른다. 그러나 현실은 반대로 가고 있다. 한 사람이 먹는 고기의 양이 꾸준히 늘고 있기 때문이다.

3 듣고 이어지는 말을 고르십시오.

(1)

여자 : 못 보던 가방인데 새로 사셨나 봐요.

남자 : 지난번에 이 근처에서 벼룩시장 할 때 산 거예요. 옷이며 생활용품이며 쓸 만한 물건들이 많았어요.

여자 : 벼룩시장이요? 재미있었겠네요. 저는 그런 거 하는 줄도 몰랐는데……

(2)

여자 : 공기 좋은 곳에 오니까 약도 안 먹었는데 감기가 나은 것 같아.

남자 : 하긴 요즘 감기 환자가 많은 것도 공기가 안 좋아진 탓일지도 몰라.

여자 : 도로를 내거나 건물들을 지으면서 이런 숲들이 없어지는 게 안타까워.

29과

1 내용과 맞지 않는 것을 모두 고르십시오.

남자 : 이번 주말에 좋은 계획이 있으세요?

여자 : 제가 좋아하는 가수 콘서트에 갈 거예요.

남자 : 표는 예매하셨어요?

여자 : 네, 표를 사느라고 힘들었어요. 지난번처럼 못 살까 봐서 걱정했는데 다행히 살 수 있었어요.

남자 : 그렇군요. 아닌 게 아니라 저도 지난번에 가고 싶은 공연이 있었는데 표가 빨리 매진되는 바람에 못 가고 말았어요. 그렇게 빨리 매진될 줄은 몰랐는데.

여자 : 그렇다니까요. 인기 가수 공연은 그런 경우가 많답니다.

2 듣고 질문에 대답하십시오.

　　저의 취미는 한국말 공부하는 것과 한국 드라마를 보는 것입니다. 한국 드라마는 내용도 재미있고 배우며 음악이며 다 마음에 듭니다. 한국 드라마를 좋아하다 보니까 한국말도 공부하게 되었습니다. 자막 없이 드라마를 보는 것이 저의 목표입니다. 이제 한국말 공부를 시작한 지 5년이 다 돼 갑니다. 처음에는 너무 재미있어서 열심히 했지만 중간에 실력이 좋아지지 않아서 슬럼프에 빠진 적도 있었습니다. 하지만 당시에 보던 재미있는 드라마 덕분에 다시 흥미를 찾았습니다. 오늘은 요즘 제가 좋아하는 드라마를 하는 날입니다. 다음 내용이 궁금해서 일주일 동안 기다렸습니다. 저는 저녁 시간에 좋아하는 드라마를 보면서 하루의 피로도 풉니다.

阅读翻译

1과

从我们身边消失的那些事物

我们每天生活在千变万化之中。不知不觉中,许多事物都在发生着变化。说不定几年后我们眼前的事物就消失了。快速的变化会让人心潮起伏,也会让人有很多遗憾。从我们身边消失的事物都有哪些呢?

曾经在小区道路边上默默站立着的红色邮筒,已经很难见到。因为现在人们已经很少用手写信写贺卡,更多的是采用更便捷的电子邮件、电子贺卡短信等形式来传达问候。很多人都不会忘记,写了又擦,擦了又写,读了又读后才贴上邮票,怀着激动的心情把信投入邮筒的那种感觉,他们必将会怀念消失的那些邮筒。

公交车站附近随时可见的公用电话不知何时悄然消失。很多人都不再使用家庭电话。已经普及到小孩的手机代替了有线电话。特别是手机功能多,优点也多,在不久的将来,有线电话完全消失都有可能。

我们周边新生的和消失的事物中,新生的不全部是好的,旧有的不能完全抛弃。只追求便利,将旧有的东西完全抛弃会有什么结果呢?没有一种办法,让人们既接收新生又保持旧有的吗?

4과

韩式英语和汗蒸房

韩式英语

我是加拿大留学生,几个月前有人给我介绍了韩国女朋友叫润西。她的英文很好。特别是她用韩式英语说话的时候很有意思。

昨天她穿了一身粉色运动服,我觉得很适合她,就夸她漂亮。润西用韩式英语告诉我:"这身运动服是逛街的时候打七折买的,这款现在正在电视上打广告呢。"我学她说的韩式英语,逗得她捧腹大笑。然后对我说:"你得学点儿韩式英语了!"。

汗蒸房

我是中国来的技术研修生。由于第一次在首尔这样的大城市生活,对高层建筑和复杂的街道依然不熟悉。所以走路的时候都忙于看各种标牌。练歌房,美容美发房,PC房(网吧),为什么这么多"房"啊……。我很想去看看这些"房",就去"PC房"打了一下游戏,去"美容美发房"理了发,还和韩国朋友一起去"烧酒房"喝了酒,最后去了"汗蒸房"。"房"虽然很多,但是我最喜欢的还是"汗蒸房"。洗完澡后平躺着,一点都不比在家差。下次中国朋友来韩国的话,我还想带他们去这些"房"里转一圈。

7과

小文章,大道理

完美的结局

完美的结局是一种对生活的感激,是一种返璞归真,是一种放下,是一种超脱,是饶恕,是理解也是慈悲。 完美的结局是随时都可以离开的心态。

——摘自法顶 《完美的结局》

重要的都不显眼

我们现在看到的只是表面现象而已。 重要的东西都不太显眼。 只有用心去体会时,才能看得正确。

——摘自圣埃克苏佩里《小王子》

10과

节约能源3·3·3

我国能源需求的96%依靠进口,但是石油消费却排世界第10位。最近油价持续上升,政府在全国范围内开展了如下能源节约运动。

在家里 3

- 随手拔掉电源插头
- 关闭不必要的照明设备
- 保持适当的室内温度

在办公室 3

- 午餐时间、下班后关闭照明设备
- 关掉不用的电脑
- 减少电梯的使用次数

汽车驾驶 3
- 施行星期限行制
- 利用大众交通
- 保持最省油的速度(60km/h-80km/h)

公寓礼节

针对近期居民们反映的几个问题，在这里再次向大家强调一下公寓生活中需要注意的几点事项。

- 玄关门口、台阶等公用空间不能堆放物品（自行车，报纸等）和垃圾。这种妨碍他人通行的行为会引起大家的不快，所以在上述地方堆放物品的人员请尽快清除。
- 上下楼之间由噪音引起的不满时常发生。晚上尽量不弹钢琴、使用跑步机跑步、练习高尔夫时，请注意噪音。音响设备和电视机的声音不要太大。别让孩子在家里乱跑。

13과

使用辈分字

江部长：克里斯，快请进。

克里斯：您好！谢谢邀请。一点儿小意思。

江部长：来就来吧，还带什么礼物？我来介绍一下我的家人。这是我爱人，大儿子永俊，老二永仁，老小永瑞。

克里斯：见到你们很高兴。我叫克里斯。永俊，永仁，永瑞，孩子们的名字很相似啊。

江部长：啊，韩国人起名的时候，都使用辈分字，我家的孩子是"永"字辈的。

克里斯：原来是这样。没想到起名时会有这样的规定。正好我也想起一个韩国名字，您给我起一个好吗？我也想用"永"字。

江部长：哈哈哈，如果再生一个儿子，想叫他"永宇"来着，你觉得"永宇"怎么样？满意吗？

克里斯：怎么会不满意呢？"永宇，永宇"发音简单，感觉也不错。谢谢您给我取这么好的名字。

16과

丈夫手机里你的名字是怎么存的？

我在网球场更衣室更衣时，45岁左右的一个师弟放在更衣室里的手机响了。我瞄了一眼，发现来电显示为"我的亲爱的"。我正在偷笑的时候，恰好师弟回来了，我逗他说："你们还是新婚啊，还我的亲爱的什么的，呵呵呵呵"。这位师弟赫然地问我："喊亲爱的人不喊亲爱的喊什么啊？那师兄你的手机里是怎么存嫂子的名字的？""我？内人啊。"说完，不知为何反而感觉自己像傻子一样。

那别人是怎么喊自己的配偶或者恋人呢？突然很好奇就在微博上做了一下调查。结果分做两派。和我一样存为"家，内人，○○妈，金○○（真实姓名），老婆"的占了一半。存为"我的女神，皇后陛下，精神伴侣"的人占一半。与之相反，女性手机上存的大多是恋爱时对丈夫爱称。

恋爱的时候，因为爱会做一些难为情的事情。但是看到到了中年还有做这种事情的夫妇，我也开始考虑是否把老婆的名字存成当红的歌手，让网球同好会的朋友们每个人出个主意，那位把爱人的名字存为"我的亲爱的"的师弟跟我说："师兄，干嘛为这个烦恼呢，不是老婆自己会看着给存的吗？我都不知道怎么改手机里的名字。"呵，原来是这样啊？

19과

我的专属名牌

R手表、L包、B皮鞋、T首饰……我们所谓的名牌就是依靠超群的设计和简洁明快的颜色赢得人们的喜爱。但是那种喜爱是否太过了？人们为了名牌效应争相购买"山寨商品"，便产生了"三秒包"这样令人面红耳赤的词汇。一天碰到好几个手里拿着一模一样品牌商品的人，会不会感到很尴尬？

那么，到底什么是名牌呢？名牌的词典中的定义是"超群的物品或者作品"。再详细解释的话，就是优秀的匠人们精心制作的贵重的手工制品。也就是说，所谓名牌指的是功能或设计方面十分优秀的商品，而并非只限于那些价格不菲的高档品牌。

不久前奶奶去世了，妈妈在整理奶奶的遗物的时候，发现了一个装满精美丝绸布片的箱子。一看到那些东西，我和妈妈就像小女孩一般抚摸着布片，赞叹不已。奶奶一生收集的贵重的布片。妈妈抚摸着那一块块的绸缎时而微笑着，时而抹着眼泪。

几天后，妈妈把漂亮的手包和钱包放在了我面前。那个手包和钱包就是用那些绸缎布片做成的，是这个世界上独一无二的。是妈妈用奶奶钟爱了几十年的面料，一针一线缝制出来的。

在被各种各样的高级商品充斥的这个年代，比起品牌或价格，这种有着属于自己的风格，并承载着珍贵回忆的东西才是真正的名牌。

22과

安东河回村

基燮 ：把这些安东河回面具挂在墙上做装饰，看上去不错啊。

安东尼：那个吗？是客户给的，好像是直接从安东买来的。听他说，安东河回面具是韩国的国宝。

基燮 ：对。我也去过一次那里，确实有与众不同的感觉。所以印象更深。

安东尼：我虽然没有去过，但是听说过，是以保留传统文化而有名，那样的两班村是如何保留下来的呢？

基燮 ：就像河回是河在这里回转的意思一样，村落三面围绕着洛东江。这样的地理条件，使河回村没有遭受到战争的影响。因此200余座传统韩屋保留了原有的样子。

安东尼：你果然和听说的一样知识像百科全书一样丰富，怎么知道的这么详细啊。

基燮 ：哪里哪里，这些都是去安东的时候听说的。

安东尼：有时间的时候想去看看，除了河回村，附近还有好玩的地方吗？

基燮 ：当然有。陶山书院和安东大坝也很有名。

安东尼：不推荐安东烧酒吗？

基燮 ：安东烧酒不是非得在安东才能喝到，只要你有时间。

25과

韩国的硬币

现在口袋里装着几枚硬币呢？找零钱时，在自动售货机上买饮料喝时，一天之内硬币会从口袋里进进出出好几次。硬币是不可缺少的必需品，但是虽多次被使用，人们却没有给予足够的重视。你们怎么样呢？ 现在打开钱包查看一下吧。

10元硬币上的图案是韩国国宝20号的佛国寺多宝塔。多宝塔那柔和的线条里蕴含着人们对健康和幸福的期盼。

韩国是一个以米为主食的国家，50元硬币上那饱满的米粒表达了农民们对丰年的良好祝愿。

100元硬币上是发明龟甲船的李舜臣将军的脸部肖像。硬币透露着这位爱国人士对祖国的衷心。

500元硬币上是代表着幸运的鹤的图案。原来常见的鹤现在被指定为保护动物。表达了人们热爱自然的良好优良品德和希望。

除了这些，还有已经不怎么使用了的绘有龟甲船的5玩硬币和无穷花的1元硬币。

28과

嘀嘟嘀嘟，没关系

不久前，课上学习了韩语的拟声词和拟态词。虽然很难，记起来不容易，但是这些单词很有意思，有节奏，用的时候像唱歌一样。其中我最喜欢 삐뽀삐뽀(嘀嘟嘀嘟)这个词，到哪儿都说这个词，所以朋友们给我取了一个"救护车汤姆"的外号。

我喜欢韩语里的'그냥'这个词。"最近看起来怎么这么忧郁呢？""그냥(没什么)"。周末朋友打来电话问

我在做什么，我回答"그냥(就在家呆着)"。朋友问"你看上去很高兴，有什么好事儿吗？"。我噗哧一笑，说："그냥(没什么)"。也许会有人觉得我是一个看不清内心真实想法的人。但是这个词里包含着微妙的语调和语感，好像能表达我的心思，而且心里没有想法的时候也可以用，所以很喜欢它。

我还喜欢用"괜찮아(没关系)"这个词。几天前，我一个朋友穿着很高的高跟鞋在跑，不小心摔破了膝盖，可是我却对她说："没关系，不要担心"。我当时不知道为什么，觉得那是一句让人安心的话。听韩语歌曲的时候我听到了这样的歌词。"不管我看上去多脆弱多幼稚，都没关系，我不会倒下，我没关系。"听了这首歌，真的有一种一切都会好起来的感觉。所以我自从知道这个单词后，每当有困难的时候，我都像念咒语一样告诉自己这句话。"一切都会过去的，没关系，都会好起来的"。

单词索引

가

가계부	170p	19과
가능성	17p	1과
가득	183p	21과
가득	172p	19과
가리다	231p	27과
가만히	149p	17과
가뭄	145p	16과
가옥	197p	22과
간단하다	105p	12과
간식	187p	21과
간암	137p	15과
간직하다	197p	22과
간판	43p	4과
간편하다	21p	2과
감독	110p	12과
감동적	41p	4과
강의	251p	29과
갖추다	69p	7과
개다	83p	9과
개발하다	179p	20과
개성	172p	19과
개인기	153p	17과
개인주의적	115p	13과
개학하다	67p	7과
거북선	221p	25과
건강 진단	33p	3과
건너편	53p	6과
건널목	243p	28과
건조하다	17p	1과
걸레	25p	2과
게시판	110p	12과
게으르다	195p	22과
겨우	115p	13과
겪다	219p	25과
견디다	71p	8과
결근하다	41p	4과
결석	58p	6과
결심하다	120p	13과
결혼기념일	75p	8과
경기	83p	9과
경기	227p	26과
경제속도	94p	10과
계약	49p	5과
계약하다	105p	12과
고개	45p	5과
고개 숙이다	149p	17과
고급	172p	19과
고속버스	227p	26과
고용 계약서	97p	11과
고지서	87p	10과
고집을 부리다	187p	21과
고층건물	43p	4과
곤란하다	53p	6과
골고루	247p	29과
골목길	191p	22과
곱하다	58p	6과
공공장소	243p	28과
공과금	87p	10과
공동 주택	94p	10과
공립학교	179p	20과
공용	94p	10과
공지사항	110p	12과
공포 영화	49p	5과
과로하다	58p	6과
과속	170p	19과
과열	145p	16과
관객	179p	20과
관공서	29p	3과
관리비	87p	10과
괜히	141p	16과
괴롭다	235p	27과
교외	204p	23과
교통 신호	259p	30과
교통수단	101p	11과
구급차	75p	8과

구멍	41p	4과
구역	227p	26과
구토	110p	12과
국보	197p	22과
국제 대회	187p	21과
국회의원	235p	27과
권장하다	94p	10과
귀찮다	145p	16과
귀하다	172p	19과
규정	219p	25과
그렇지 않아도	21p	2과
극복하다	101p	11과
근교	101p	11과
글썽이다	172p	19과
급하다	53p	6과
급하다	67p	7과
급히	97p	11과
기내식	247p	29과
기능	19p	1과
기르다	33p	3과
기본적	125p	14과
기술	67p	7과
기술	43p	4과
기억력	161p	18과
기온	58p	6과
기운	75p	8과
기원하다	221p	25과
길가	19p	1과
깜빡깜빡하다	227p	26과
깜짝	41p	4과
깜찍하다	137p	15과
깨다	219p	25과
껍데기	69p	7과
꼬박꼬박	37p	4과
꼼꼼하다	187p	21과
꾸미다	207p	24과
꾸미다	17p	1과
끌다	239p	28과
끼우다	227p	26과

나

나머지	147p	16과
(나이를) 먹다	157p	18과
낙	179p	20과
낙동강	197p	22과
날카롭다	120p	13과
낡다	170p	19과
남	37p	4과
남	67p	7과
남향	83p	9과
낯간지럽다	147p	16과
낯설다	170p	19과
낳다	115p	13과
내성적	219p	25과
냄새	110p	12과
넘어지다	83p	9과
노력	231p	27과
노력하다	161p	18과
논문	235p	27과
논의하다	41p	4과
놀라다	41p	4과
놀랍다	187p	21과
놀리다	147p	16과
농담	33p	3과
농부	221p	25과
놓치다	251p	29과
누구나	115p	13과
누르다	25p	2과
눈 깜빡할 사이	187p	21과
(눈이) 멀다	147p	16과
눈코 뜰 새 없이	33p	3과
뉘앙스	245p	28과
느낌	122p	13과
능력	75p	8과

다

다루다	231p	27과
다보탑	221p	25과

다소	199p	23과	도자기	153p	17과
다양하다	79p	9과	독특하다	110p	12과
다치다	227p	26과	돈을 들이다	175p	20과
다행	83p	9과	(돈이) 들다	67p	7과
단기간	105p	12과	돌담	191p	22과
단독 주택	153p	17과	돌리다	45p	5과
단속	219p	25과	돌리다	243p	28과
단점	49p	5과	돌림자	122p	13과
단지	69p	7과	돌보다	259p	30과
단체	110p	12과	동남아	101p	11과
달다	71p	8과	동양화	101p	11과
담기다	172p	19과	동영상	79p	9과
당분간	141p	16과	동요	204p	23과
당선되다	235p	27과	되게	215p	25과
당시에	239p	28과	되돌아오다	17p	1과
당연히	71p	8과	둘러싸이다	197p	22과
당첨되다	17p	1과	뒤지다	211p	24과
당하다	227p	26과	드디어	175p	20과
대금	165p	19과	들다	183p	21과
대기업	179p	20과	들어 있다	247p	29과
대다	21p	2과	등	255p	30과
대단하다	239p	28과	-등	41p	4과
대도시	207p	24과	따라하다	79p	9과
대부분	87p	10과	따르다	183p	21과
대부분	147p	16과	따지다	157p	18과
대신하다	19p	1과	딱	147p	16과
대접	137p	15과	떨리다	219p	25과
대충	45p	5과	떨어지다	53p	6과
대통령	49p	5과	떼다	29p	3과
대행업체	29p	3과	떼다	211p	24과
댓글	71p	8과	뚜껑	92p	10과
더 이상	17p	1과	뛰어나다	153p	17과
더구나	183p	21과	뜻대로	120p	13과
더하다	165p	19과	뜻밖에	149p	17과
도대체	29p	3과	**라**		
도망가다	243p	28과			
도산 서원	197p	22과	리듬	245p	28과
도자기	255p	30과			

마

마누라	147p	16과
마무리	69p	7과
마음껏	191p	22과
마음대로	25p	2과
마음먹다	133p	15과
마음씨	75p	8과
마음이 들다	79p	9과
마주치다	172p	19과
마치	125p	14과
마침	223p	26과
마침	204p	23과
막	223p	26과
막내	122p	13과
막다	219p	25과
만능 스포츠맨	187p	21과
만만하다	175p	20과
만장일치	179p	20과
말썽을 부리다	259p	30과
말일	87p	10과
맑다	110p	12과
맛	199p	23과
맛집	63p	7과
망가지다	170p	19과
망설이다	67p	7과
맡다	187p	21과
매력적	239p	28과
매표소	207p	24과
맹장염	211p	24과
머리방	43p	4과
머물다	105p	12과
머지않아	19p	1과
면허증	120p	13과
면회	227p	26과
명동	247p	29과
명절	157p	18과
명품	172p	19과

모범생	187p	21과
모습	197p	22과
모시다	141p	16과
모이다	45p	5과
무게	110p	12과
무궁화	221p	25과
무례하다	153p	17과
무사히	153p	17과
무조건	115p	13과
무척	195p	22과
문상	149p	17과
물려받다	211p	24과
물리치료	195p	22과
미루다	63p	7과
미루다	75p	8과
미묘하다	245p	28과
미혼	41p	4과
민망하다	172p	19과
민박	25p	2과
민원	94p	10과
밀리다	129p	14과

바

바닥	25p	2과
바로잡다	137p	15과
박사	235p	27과
반대로	239p	28과
반대하다	235p	27과
반드시	105p	12과
반짝이다	231p	27과
받아들이다	19p	1과
발견	255p	30과
발견하다	172p	19과
발끈하다	147p	16과
발령되다	215p	25과
발생하다	94p	10과
발전	231p	27과

발전하다	67p	7과
발표회	255p	30과
밝다	101p	11과
밤새	83p	9과
밤새다	251p	29과
밤을 새우다	149p	17과
(밤을) 새우다	179p	20과
(밤이) 깊다	92p	10과
방해되다	83p	9과
배기가스	215p	25과
배우자	147p	16과
백과사전	197p	22과
벌금	259p	30과
벚꽃	211p	24과
베끼다	172p	19과
벼룩시장	223p	26과
벽지	153p	17과
변수	137p	15과
변화	19p	1과
별	157p	18과
별	122p	13과
-별	63p	7과
병세	41p	4과
보람	125p	14과
보람	83p	9과
보존되다	197p	22과
보증금	105p	12과
보호하다	221p	25과
복권	17p	1과
복사하다	227p	26과
볼일	25p	2과
봉사 활동	33p	3과
부담스럽다	129p	14과
부드럽다	191p	22과
부럽다	141p	16과
부럽다	137p	15과
부류	147p	16과
부서	211p	24과
부위	21p	2과
부위	187p	21과
부작용	110p	12과
북극	17p	1과
분명히	120p	13과
불경기	195p	22과
불과하다	69p	7과
불충분하다	259p	30과
불쾌감	94p	10과
비결	187p	21과
비관적	137p	15과
비극	33p	3과
비단	172p	19과
비뚤어지다	92p	10과
비상약	92p	10과
비용	179p	20과
비우다	69p	7과
비타민제	58p	6과
비호감	71p	8과
빙하	17p	1과
빛	17p	1과
빠른우편	25p	2과
뻘뻘	235p	27과
삐뽀삐뽀	245p	28과

사

사라지다	19p	1과
(사랑에) 빠지다	161p	18과
사립학교	179p	20과
사모님	157p	18과
사소하다	29p	3과
사양하다	157p	18과
사이	239p	28과
사이	33p	3과
사회생활	129p	14과
산책로	207p	24과
살리다	49p	5과
살림	243p	28과

(살이) 찌다	101p	11과
살피다	221p	25과
삼가다	94p	10과
삼면	197p	22과
상	243p	28과
상관없다	25p	2과
상대팀	153p	17과
상상하다	29p	3과
상세히	172p	19과
상영	179p	20과
상영하다	199p	23과
상처	71p	8과
상태	41p	4과
상품	255p	30과
상품권	141p	16과
상황	83p	9과
새기다	221p	25과
새롭다	215p	25과
새벽	153p	17과
새해 복 많이 받으세요	157p	18과
색다르다	199p	23과
생명	71p	8과
생생하다	79p	9과
생선회	204p	23과
생수	227p	26과
생필품	17p	1과
서재	204p	23과
석유	94p	10과
(선) 보다	120p	13과
선불폰	105p	12과
선택	115p	13과
설날	157p	18과
설득하다	179p	20과
설레다	19p	1과
설치되다	79p	9과
섬	191p	22과
섬유	179p	20과
섭섭하다	204p	23과
성묘	33p	3과
성장률	17p	1과
성적	33p	3과
세련되다	172p	19과
세종대왕	243p	28과
소문	120p	13과
소비	94p	10과
소식	149p	17과
소식	58p	6과
소위	172p	19과
소주방	43p	4과
소중하다	172p	19과
소질	17p	1과
속이다	259p	30과
손해	219p	25과
솔직히	179p	20과
솜씨	125p	14과
수고	83p	9과
수다스럽다	120p	13과
수도	87p	10과
수많다	19p	1과
수입	94p	10과
수입품	120p	13과
수작업	172p	19과
수출	101p	11과
숙박하다	25p	2과
순례하다	43p	4과
숨기다	101p	11과
스테이플러	227p	26과
슬쩍	147p	16과
습도	17p	1과
승강장	259p	30과
승부	137p	15과
승용차	17p	1과
승차권	110p	12과
시	161p	18과
시기	67p	7과
시도하다	49p	5과

시들다	83p	9과
시민	137p	15과
시설	79p	9과
시합	251p	29과
-식	21p	2과
식수	227p	26과
신경 쓰다	45p	5과
신기하다	207p	24과
신기하다	83p	9과
신동	187p	21과
신랑감	133p	15과
신원 보증서	97p	11과
신체	21p	2과
신호등	243p	28과
실력	120p	13과
실수하다	149p	17과
실천하다	183p	21과
실천하다	94p	10과
실패하다	49p	5과
실험	179p	20과
심각하다	41p	4과
심부름센터	29p	3과
심하다	71p	8과
10대	239p	28과
싱싱하다	83p	9과
싸우다	125p	14과
쌀알	221p	25과
쏟아지다	211p	24과
쓰러지다	92p	10과
씩	245p	28과

아

아깝다	175p	20과
아늑하다	137p	15과
아닌 게 아니라	247p	29과
아무래도	175p	20과
아쉽다	199p	23과
아쉽다	19p	1과

아역 배우	137p	15과
아직껏	133p	15과
악기	211p	24과
악플	71p	8과
안건	41p	4과
안내 표지	191p	22과
안동	197p	22과
안부	19p	1과
안색	41p	4과
안심	187p	21과
안심이 되다	231p	27과
안정되다	17p	1과
안주	195p	22과
- 알	58p	6과
앞서다	133p	15과
애쓰다	251p	29과
애칭	147p	16과
야근하다	101p	11과
야단을 맞다	170p	19과
야단치다	49p	5과
약간	110p	12과
약도	83p	9과
양반	197p	22과
어감	245p	28과
(어깨가) 무겁다	137p	15과
어느새	183p	21과
어루만지다	172p	19과
어버이날	141p	16과
어색하다	255p	30과
어색하다	170p	19과
어지럽다	110p	12과
어쩐지	165p	19과
억양	211p	24과
언젠가	231p	27과
얼른	53p	6과
없어지다	13p	1과
엊그제	129p	14과
여간	197p	22과

여드름을 짜다	204p	23과
여부	137p	15과
여신	147p	16과
여전하다	165p	19과
연구하다	179p	20과
연기	58p	6과
연상연하 커플	133p	15과
연수생	43p	4과
연예인	71p	8과
연장하다	97p	11과
연착되다	227p	26과
연체되다	165p	19과
연체료	87p	10과
연하다	187p	21과
열기	239p	28과
열차	259p	30과
영상 통화	83p	9과
영양가	187p	21과
영업부	137p	15과
영화제	199p	23과
예능	17p	1과
예전	67p	7과
예절	94p	10과
오존주의보	215p	25과
오직	69p	7과
오히려	161p	18과
오히려	207p	24과
온갖	133p	15과
온통	199p	23과
올레길	191p	22과
완벽하다	211p	24과
완성되다	129p	14과
완전히	79p	9과
왕자	69p	7과
외롭다	141p	16과
외모	83p	9과
– 외에도	207p	24과
외출하다	215p	25과
요가	161p	18과
요금	87p	10과
욕심	161p	18과
용서	69p	7과
우선	45p	5과
우아하다	153p	17과
우연히	255p	30과
우연히	170p	19과
우울증	71p	8과
우편함	87p	10과
운명	137p	15과
울리다	147p	16과
워낙	97p	11과
원래	37p	4과
원래	191p	22과
원룸	175p	20과
원어민	79p	9과
원작	58p	6과
위	58p	6과
-위	94p	10과
위로하다	149p	17과
위반하다	259p	30과
위치	219p	25과
유가	94p	10과
유감스럽다	137p	15과
유난히	157p	18과
유능하다	251p	29과
유람선	207p	24과
유선 전화	19p	1과
유식하다	145p	16과
유품	172p	19과
은메달	187p	21과
음주 운전	219p	25과
음향기기	94p	10과
의견	71p	8과
의상	255p	30과
의성어	245p	28과
의식	137p	15과

의심스럽다	245p	28과
의외로	223p	26과
의욕	195p	22과
의존하다	94p	10과
의태어	245p	28과
이르다	110p	12과
이미	247p	29과
이순신 장군	221p	25과
이웃집	251p	29과
이하	110p	12과
이후	251p	29과
익다	129p	14과
익히다	129p	14과
인구	115p	13과
인기	219p	25과
인류	137p	15과
인명	83p	9과
인사동	204p	23과
인사부	137p	15과
인상	94p	10과
인상적	197p	22과
인쇄되다	13p	1과
인정받다	97p	11과
일부러	183p	21과
임대하다	105p	12과
입대하다	153p	17과
입력하다	147p	16과

자

자동판매기	221p	25과
자매	37p	4과
자비	69p	7과
자세히	63p	7과
자세히	83p	9과
자식	161p	18과
자연	191p	22과
자연스럽다	170p	19과
자유롭다	115p	13과

자제하다	165p	19과
작업실	204p	23과
작품	255p	30과
작품	129p	14과
잔금	83p	9과
잔소리	259p	30과
잔심부름	29p	3과
잔치	67p	7과
잘되다	223p	26과
잠그다	83p	9과
잠이 들다	92p	10과
잡히다	251p	29과
장남	122p	13과
장례식장	149p	17과
장만하다	165p	19과
장면	219p	25과
장보다	211p	24과
장사	75p	8과
장식	197p	22과
장인	172p	19과
장점	19p	1과
재산	211p	24과
재충전	204p	23과
쟁반	227p	26과
저렴하다	129p	14과
적응하다	29p	3과
적자	170p	19과
적정	94p	10과
전공	204p	23과
전광판	215p	25과
전시회	255p	30과
전압	259p	30과
전용	259p	30과
전자책	13p	1과
전자 카드	19p	1과
전쟁	197p	22과
전차	101p	11과
절대로	243p	28과

절반	147p	16과
절약하다	183p	21과
절을 하다	149p	17과
절차	105p	12과
정년퇴직	110p	12과
정리하다	223p	26과
정부	153p	17과
정성	141p	16과
정성껏	172p	19과
정신력	137p	15과
정신없다	43p	4과
정신을 차리다	165p	19과
(정이) 들다	67p	7과
정전	227p	26과
정치	58p	6과
제기되다	94p	10과
제때	195p	22과
제자리	21p	2과
조각	172p	19과
조건	197p	22과
조명	94p	10과
조직력	153p	17과
종종	231p	27과
주간	63p	7과
주로	29p	3과
주문하다	33p	3과
주민 등록증	120p	13과
주식	221p	25과
주의하다	259p	30과
주차비	211p	24과
죽다	251p	29과
줄다	17p	1과
줄어들다	115p	13과
줄을 서다	179p	20과
중년	147p	16과
중매결혼	179p	20과
중반	147p	16과
중소기업	227p	26과

중심	115p	13과
중얼거리다	43p	4과
중전 마마	147p	16과
즉	172p	19과
즐겁다	157p	18과
즐기다	247p	29과
증거	259p	30과
지구온난화	17p	1과
지나치다	71p	8과
지다	251p	29과
지루하다	259p	30과
지리적	197p	22과
지문	21p	2과
지붕	231p	27과
지위	161p	18과
지정되다	197p	22과
지진	153p	17과
직장	75p	8과
진찰하다	58p	6과
진학하다	67p	7과
질서	137p	15과
짓	147p	16과
짜다	129p	14과
짜증	195p	22과
짝퉁	172p	19과
찜질방	43p	4과

차

차량	259p	30과
차례	153p	17과
차이	133p	15과
차이	25p	2과
차차	83p	9과
찬밥	75p	8과
찬성하다	179p	20과
참가하다	58p	6과
참관을 하다	79p	9과
참다	45p	5과

참여하다	94p	10과
찾아뵈다	33p	3과
찾아뵙다	141p	16과
- 채	197p	22과
채비	69p	7과
책장	211p	24과
천	172p	19과
천연기념물	221p	25과
첫사랑	243p	28과
첫아이	145p	16과
청소년	239p	28과
청소년기	67p	7과
청하다	211p	24과
청혼	133p	15과
청혼	195p	22과
체격	67p	7과
체류 기간	97p	11과
체험하다	41p	4과
최고	187p	21과
추가 요금	110p	12과
추구하다	19p	1과
추석	33p	3과
추수	145p	16과
추천	197p	22과
축제	199p	23과
출마하다	235p	27과
출산	115p	13과
출입 금지	227p	26과
출입국 관리 사무소	97p	11과
충동구매	165p	19과
충분히	13p	1과
충성심	221p	25과
충전하다	105p	12과
취소하다	75p	8과
취재하다	199p	23과
취하다	25p	2과
층간 소음	94p	10과
친지	33p	3과
친척	37p	4과
칠	129p	14과
침	92p	10과
칭찬	43p	4과

카
칸 영화제	259p	30과
커닝	110p	12과
콩글리시	43p	4과
큰소리치다	129p	14과
키우다	125p	14과

타
탄성	172p	19과
탈	197p	22과
탈의실	147p	16과
태양	251p	29과
태양광	231p	27과
터지다	92p	10과
통역	153p	17과
통행	94p	10과
퇴직금	251p	29과
투자하다	204p	23과
틈틈이	165p	19과
틈틈이	195p	22과

파
-파	147p	16과
파리(를) 날리다	129p	14과
판	231p	27과
판결	259p	30과
팬	239p	28과
퍼뜨리다	71p	8과
펑펑	211p	24과
- 편	199p	23과
편의점	53p	6과
편찮다	41p	4과
편하다	53p	6과

편히	215p	25과	해고시키다	251p	29과
평가받다	153p	17과	해명을 하다	71p	8과
평균	115p	13과	해수욕	204p	23과
평화	179p	20과	해외	33p	3과
폐렴	219p	25과	해운대	199p	23과
폐를 끼치다	211p	24과	해지하다	105p	12과
폐차시키다	170p	19과	핵무기	179p	20과
포장마차	58p	6과	행운	221p	25과
포함되다	87p	10과	허락	179p	20과
폭력	71p	8과	헐	147p	16과
표현하다	71p	8과	현재	215p	25과
표현하다	245p	28과	혈압	58p	6과
풍년	221p	25과	형광등	227p	26과
피부	195p	22과	형수	147p	16과
PC방	43p	4과	형제	75p	8과
피해	231p	27과	형편	41p	4과
피해	83p	9과	호칭	37p	4과
필기시험	41p	4과	혹	211p	24과
필수품	221p	25과	혹시	153p	17과
			혹은	172p	19과
			혼란	219p	25과

하

하긴	255p	30과	화려하다	153p	17과
하루 종일	63p	7과	화면	147p	16과
하여튼	183p	21과	확인	71p	8과
하회 마을	197p	22과	환갑	67p	7과
학	221p	25과	환경	231p	27과
한가운데	207p	24과	환승하다	120p	13과
한강변	207p	24과	활짝	215p	25과
한꺼번에	105p	12과	회원	110p	12과
한눈에	63p	7과	횟수	221p	25과
한때	71p	8과	후회하다	133p	15과
한라산	110p	12과	훈련	153p	17과
한산하다	17p	1과	훌륭하다	58p	6과
한참	87p	10과	휘발유	17p	1과
한턱내다	129p	14과	휴대용	13p	1과
할 수 없이	53p	6과	휴직	41p	4과
함부로	231p	27과	흉보다	49p	5과
해	101p	11과	흐르다	207p	24과

흔들다	195p	22과
흔히	191p	22과
흔히	221p	25과
흘리다	161p	18과
희망	221p	25과

语法索引

문법	페이지	과
-같으면	149p	17과
-겸	199p	23과
-거나 -거나	105p	12과
-게	80p	9과
-고도 남다	239p	28과
-고말고요	64p	7과
-고 말다	248p	29과
-고 해서	71p	8과
-곤 하다	54p	6과
-기는요	30p	3과
-기로	184p	21과
-기 마련이다	232p	27과
-기에	106p	12과
- 끝에	175p	20과
-(느)ㄴ다는 게	21p	2과
-느냐에 따라	176p	20과
-느라고	232p	27과
-는 바람에	223p	26과
-는 법이다	158p	18과
- 다 -	158p	18과
-다가	166p	19과
-다가 보니까	192p	22과
-다가 보면	165p	19과
-다는 말이다	14p	1과
-다니	133p	15과
-다니까요	224p	26과
-답니다	240p	28과
-더라	115p	13과
-더라도	46p	5과
-도록	88p	10과
-든지 -든지	22p	2과
-말고는	46p	5과
- 못지않다	64p	7과
-보고	45p	5과
아무 -(이)나	142p	16과
아무 -도	54p	6과
-아/어 가다(오다)	97p	11과
-아/어 가면서	192p	22과
-아/어 버리다	166p	19과
-아/어다가	224p	26과
-았/었더라면	87p	10과
-았/었어요	98p	11과
얼마나 -(으)ㄴ지 모르다	79p	9과
-에다가	53p	6과
-에 달려 있다	134p	15과
-에 의하면	80p	9과
-에 한해서	106p	12과
-(으)ㄴ가 보다	37p	4과
-(으)ㄴ걸요	126p	14과
-(으)ㄴ 데다가	54p	6과
-(으)ㄴ데요, 뭘	98p	11과
-(으)ㄴ 듯하다	116p	13과
-(으)ㄴ 모양이다	72p	8과
-(으)ㄴ 반면에	13p	1과
-(으)ㄴ 줄 모르다	29p	3과
-(으)ㄴ 줄 알았다	231p	27과
-(으)ㄴ지 모르겠다	150p	17과
-(으)ㄴ 척하다	141p	16과
-(으)나	150p	17과
-(으)ㄹ걸	200p	23과
-(으)ㄹ걸요	248p	29과
-(으)ㄹ 게 아니라	208p	24과
-(으)ㄹ까 봐서	216p	25과
-(으)ㄹ까 -(으)ㄹ까	63p	7과
-(으)ㄹ까 하다	30p	3과
-(으)ㄹ 따름이다	184p	21과
-(으)ㄹ 리가 없다	256p	30과
-(으)ㄹ 만하다	200p	23과
-(으)ㄹ 뻔하다	88p	10과
-(으)ㄹ수록	157p	18과
-(으)ㄹ지도 모르다	14p	1과
-(으)려다가	208p	24과
-(으)려던 참이다	22p	2과
-(으)려면 멀었다	125p	14과
-(으)로	142p	16과
-(으)며	191p	22과

-(으)면서도	126p	14과
-(으)면 어떻게 해요?	216p	25과
-(으)므로	255p	30과
-을/를 통해서	38p	4과
-(이)나 다름없다	72p	8과
-(이)며	207p	24과
-자면	176p	20과
- 정도로	38p	4과
-조차	240p	28과
-지	116p	13과
-지 그래요?	247p	29과
-지요	183p	21과
-커녕	256p	30과
- 탓	215p	25과